斯坦福的鸭子

告别工作焦虑，建立团队韧性

Anxiety at Work

8 Strategies to
Help Teams Build
Resilience, Handle
Uncertainty, and Get
Stuff Done

〔美〕

阿德里安·高斯蒂克
Adrian Gostick

切斯特·埃尔顿
Chester Elton

安东尼·高斯蒂克
Anthony Gostick

著

李芳 译

中国出版集团
中译出版社

致安东尼·高斯蒂克：

　　本书作者阿德里安·高斯蒂克与切斯特·埃尔顿将本书献给第三位作者安东尼·高斯蒂克。本书因安东尼而面世。他的研究和写作是本书的基础，他对营造积极健康的心理环境的永无止境的热情给了我们灵感和鼓励，让我们创造出一些东西，希望这些东西能让世界变得更美好。

　　阿德里安·高斯蒂克和切斯特·埃尔顿的其他作品：
《感恩的领导》（*Leading with Gratitude*）
《胡萝卜原理》（*The Carrot Principle*）
《最佳团队制胜》（*The Best Team Wins*）
《橙色革命》（*The Orange Revolution*）
《我的动机》（*What Motivates Me*）
《竭尽全力》（*All In*）
《胡萝卜管理策略》（*Managing with Carrots*）

001 第1章
鸭子综合征——焦虑与工作环境
营造健康的工作场所

029 第2章
焦虑如何填补空白——焦虑与不确定性
帮助团队成员应对不确定性

067 第3章
如何变少为多——焦虑与工作量
帮助团队成员应对工作超负荷

093 第4章
扫清前进的道路——焦虑与个人发展
帮助团队成员规划前途

121 第5章
完美与完工——焦虑与"完美主义"
帮助团队成员管理完美主义

147 第 6 章
从避免冲突到健康辩论——焦虑与冲突
帮助团队成员表达自我

169 第 7 章
结盟——焦虑与偏见
帮助团队边缘成员获得价值感和参与感

187 第 8 章
变排斥为接纳——焦虑与人际关系
帮助团队成员建立社会关系

207 第 9 章
变怀疑为信心——焦虑与感激
感激能帮助团队成员建立信心

223 结　论
分号：之前与此后

228 注　释

251 致　谢

第 1 章

鸭子综合征——焦虑与工作环境

营造健康的工作场所

能够生存下来的物种,不是那些最强壮的,也不是那些最聪明的,而是那些最能适应变化的。

——查尔斯·达尔文(利昂·麦金森转述)

2020年年初，我们来到美国亚利桑那州的斯科茨代尔，准备给一家制造公司的领导团队做演讲。演讲原定于晚上进行，但是，组织者不断将我们的开始时间提前——因为有关新冠病毒传播的突发新闻像洪水般涌来，他们希望早点结束这一天的工作。

每一位与会者都在不停刷手机，浏览亲人发来的最新信息，很难把注意力集中在活动上。公司所属工厂的员工在询问他们是否应该回家。不出几天，洗手液和卫生纸就会莫名其妙地从货架上消失；不出几周，成千上万的人就会生病。

在宴会厅的后方，我们扑在报告上疯狂地进行实时修改。按照原来的要求，我们应该分享有关文化和员工敬业度的资料，但这些似乎无关紧要了。我们做出决定：公布我们一直在撰写的关于日益严重的职场焦虑问题的调查报告，在充满不确定性的时期,这一问题将变得更加紧迫。很明显,新冠肺炎疫情将导致许多人失业,坚守岗位的人将面临巨大压力。我们即将展示的数据将告诉大家:人们的工作焦虑水平在此之前就一直不断上升,我们预测情况会变得更糟。

当我们走上讲台的时候,至少有一半的与会者在埋头看手机;但当我们做完一小时的报告后,大家全都热烈地讨论起来:此时此刻,员工真正遇到的问题是什么?这些领导者意识到,他们需要更好地了解焦虑的本质,学习如何更好地帮助员工应对焦虑。

当晚在机场,我们用高乐士湿巾消毒了座位,坐下来讨论了领导在员工生活中扮演的重要角色。令我们欣慰的是,在为撰写本书而进行的调查研究中,许多领导者与我们分享了他们在帮助焦虑员工方面的真知灼见。我们注意到,如果焦虑水平在疫情之前就已经在不断上升,那么,未来的情况发展也就可想而知了。

一个日渐严重的问题

一段时间以来,我们一直关注日益严重的职场焦虑问题,考虑是否有必要为领导提供现实、有用的指导。一直听说在与我们合作过的大多数公司中,领导们对这个问题感到越来越沮丧、越来越困惑，因此，我们开始研究并撰写本书。研究结果表明，早在疫情之前，领导们就该担忧了。2018年的一项调查指出，所有年龄段的员工中有34%的人在上个月至少感到一次焦虑，18%的人被诊断患有焦虑症。尽管这个问题对经济有重大影响，但在公司里却鲜有人讨论。

哈佛大学医学院的一项研究称，在职焦虑"危及员工的职业生涯和公司的生产率"。焦虑会导致员工频繁出错、日益倦怠、在工作场所发火、病假增多以及健康状况不佳。担心吧？我们也一样。工作中的担心、紧张以及由此产生的焦虑会导致员工注意力不集中、脱离团队、工作能力降低、拒绝团队成员或领导给予的帮助。

在"快餐"教育的背景下，人们有时会交替使用"担心""紧张"和"焦虑"这几个词。然而，这几个词互有差别。担心是一种心理过程，包括反复出现的、令人烦扰的想法，通常聚焦一个特定对象，比如失业或生病。压力是身体在遇到变化时的一种生物反应，主要表现为身体、心理或情绪上的反应。焦虑会对身体和精神带来影响，严重到一定程度则可以算作精神障碍。焦虑是压力、恐惧和担心的结合体，会干扰我们的生活。

焦虑作两解。一是紧张和担忧的一种症状；二是一种可归类的（精神）障碍症。可以想象，担心、压力和焦虑的浪潮不断上涨已经让各类组织付出了令人难以置信的代价。在美国,每年由职场焦虑带来的生产力损失、失误和医疗保健支出约合 400 亿美元,而压力造成的损失估计超过 3000 亿美元。巴黎经济合作与发展组织对相应问题在欧洲引起的后果则更为悲观,估计心理健康问题每年造成的总支出超过 6000 亿欧元,其中焦虑是最常见的问题。

这个问题在年长的员工中正日益严重,不过,千禧一代①和 Z 世代②才是重灾区。2019 年由《哈佛商业评论》(*Harvard Business Review*)刊发的一项研究指出,超 50% 的千禧一代和 75% 的 Z 世代因为心理健康而辞职。我们在咨询工作中发现,如今管理人员最关心的问题之一是如何激励较年轻的员工。本书作者阿德里安·高斯蒂克与一组高管举办的领导力研讨会清楚地探讨了这个问题。高管们在问答环节提出的每一个问题都关系到年轻员工,特别是年轻员工面对任务的截止日期,难以处理产生的压力。一位领导总结了大家普遍关心的问题:"既然逃不掉'按时交差'的宿命,那我们如何让年轻员工更好地应对问题?"

工作焦虑是焦虑的重要组成部分,表现为高估职场问

---

① 千禧一代:指在跨入 21 世纪以后成年的一代人,这代人的成长时期几乎同互联网高速发展的时期相吻合。

② Z 世代:又称"互联网世代",通常指 1995 年至 2009 年出生的一代人,一出生就与网络信息时代无缝对接,受数字信息技术、即时通信设备等影响比较大。

题（从"我能适应吗"这样的个人问题到可能影响公司稳定性的组织问题），以及低估自己的应对能力。然而，有时候焦虑是一种没有明显原因的一般不安状态。普华永道（Pricewaterhouse Coopers）是招收最多应届大学毕业生的企业之一，其首席人力官迈克尔·芬伦（Michael Fenlon）表示，随着 Z 世代涌入劳动力市场，一波焦虑的年轻人正冲向我们的企业。

我们发现，大多数年轻人都希望能够讨论他们的工作焦虑。一位 20 多岁的员工在一次采访中说："我们这一代人总是互相聊焦虑。"理应如此，因为他们相信，谈都不敢谈的问题是不可能得到解决的。不过，2019 年，对 1000 名有焦虑症状的成年在职员工进行的调查显示，90% 的人认为向老板倾诉自己的情况不是一个好主意。真是可悲。

这场疫情让我们深刻地认识到，我们的世界面临有碍稳定的、旷日持久的威胁，这种威胁似乎不知从哪里冒出来，不仅扰乱企业，而且扰乱整个经济。这对焦虑水平的影响前所未见。根据美国人口普查局的数据，截至 2020 年 5 月，所有年龄段的美国人中，有超过 30% 的人出现焦虑症状，其中 20 多岁的人占据 42%，令人咋舌。

连尼·门多萨（Lenny Mendonca）是一位杰出的企业家，也是一位政府官员，他在 2020 年年中因心理健康问题辞职。"每三个美国人中就有一个面临和我一样的挑战，即抑郁和焦虑。"他说道。

门多萨曾担任美国加利福尼亚州州长加文·纽森（Gavin Newsom）的首席经济和商业顾问，是半月湾酿酒公司（员工数量约 400 人）的老板，是麦肯锡公司的前高管，还是斯坦福大学商学院的讲师，一句话：他是一个大人物。

他解释说，好心的朋友劝他不要分享自己的诊断结果，认为这会终结他的职业生涯。"虽然我尊重他们的建议，但我直截了当地拒绝了。我能谈及自己骑山地自行车受伤的事，我能告诉别人我的左腿装了一块荣誉勋章般的金属板，那为什么不能谈我身体里最重要、最脆弱却最不为人所知的器官——我的大脑的受伤情况呢？我有心理健康问题，这说明什么？这说明我是人。"

门多萨分享了他的故事，他认为，在商业和公共生活中极少有人愿意"讨论心理健康、消除职业污名以及防止这些问题对员工职业生涯和整体经济产生经济影响。因此这场对话应该进行，而且急需进行"。

掩　饰

门多萨承认："我拥有高管资历，这减少了实话实说可能带来的职业伤害。但大多数深受其苦的人没有这些特权。"他说得不错，尽管焦虑无处不在，但员工不会公开谈论他们的工作焦虑。而且最大的挑战在于，许多焦虑的人必须掩饰焦虑，但往往以失败告终，这种情况使得我们难以为员工提供帮助。

举个例子：我们在 2019 年见过的一位很有前途的年轻员工。

克洛伊（Chloe）是大多数公司梦寐以求的员工：聪明伶俐、品学兼优、技术熟练、学习能力超强。她以近乎满分的平均绩点从大学毕业，但她承认，保持天天向上是一种挑战。她必须早早起床，在上课前争取额外的学习时间，而大多数晚上她都难以入睡，通常只能睡几小时。有时，她会由于要学的东西太多而压力太大，备感焦虑，但她会面带微笑继续前进，因为"别人期望你这样做"。

她曾经暗暗纳闷，为什么别人能自然而然地处理好学习和工作，她却要倾尽全力。

克洛伊的努力得到了回报，毕业后，她在西雅图的一家投资银行找到了一份好工作。从家乡漂到西雅图，她很快就给老板和同事留下了深刻印象，他们断定她将成为冉冉升起的新星。表面上，克洛伊充满了自信。

但在内心深处，她逐渐感到力不从心。她开始怀疑自己——银行里的年轻同事似乎更有经验，大多数人都毕业于更好的学校，他们对自己出色的实习经历侃侃而谈，他们似乎得到了更多的认可。"每天早上，公司都会群发关于其他人成就的邮件，"她回忆道，"这是人力资源部干的漂亮活儿，但对我来说却像一种嘲弄。我周围的人都这么聪明、这么能干。我真想和他们一样出色。"

更重要的是，从社交媒体上的帖子来看，她那些回到家乡的朋友们似乎比她快乐得多。他们参加聚会、听音乐会，和家人在一起放松、玩乐。而她呢，每天工作到天黑，然后回到公寓，筋疲力尽，连养只猫的时间都没有。

克洛伊鼓起勇气对经理说她感觉压力有些大。经理回答说："啊，这儿就这样。你干得不错！不要有压力。"她只好接受这种感觉，因为事情本来就是这样。但是很快，每天晚上，克洛伊都对第二天感到隐隐的恐惧。周日晚上绝对是最糟糕的，她会表现出恐慌症全面发作的各种症状。不久后，她几乎起不来床了。她开始在上班时浏览研究生院的网页，她幻想着去旅行，想着也许自己会休假一年，背着包去尼泊尔看看。

尽管克洛伊做了大量工作，工作表现良好，但最后她实在受不了，于是便"失联"了。她没去上班，也没打电话请病假，当老板发短信问她在哪里时，她也没有理会。

克洛伊再也没有回公司，她甚至也没有和她的经理或同事联系过。一颗正在升起的新星突然消失了。

站在她的经理的角度来看，我们可以想象这多么令人沮丧。没有表现出任何明显的需要特殊对待的迹象，对吧？克洛伊的领导怎么可能看出她要离开的蛛丝马迹呢？我们将会谈到，有时候最细微的线索往往意义非凡。克洛伊曾经表示自己压力很大，她希望经理能够关心此事。但是，经理无视了她的实际情况，因此，再也没有可能调解这个问题了。

克洛伊说她"压力很大"，这是在试探，而结果她发现谈论自己的工作焦虑其实不太安全。

斯坦福的鸭子

克洛伊的倦怠来得很快，但还有许多人与强烈的情感斗争多年，变得善于隐藏这些迹象。尽管关于焦虑水平不断上升的报道铺天盖地，但焦虑在职场上的污名仍然挥之不去。除了最亲密的家人和朋友，大多数人都不愿意和别人谈论他们正在经历的事情，有时甚至对最亲密的家人和朋友都不愿意提及。

当然了，谈论超负荷工作是常事：你知不知道他们有多想让我完工？！然而，工作超负荷与焦虑超负荷截然不同。透露因工作而焦虑仍然是一种禁忌，尤其是在员工担心保不住饭碗的环境中。有一些人告诉我们，公开谈论心理健康可能会限制他们的机会；其他人则担心被边缘化或被人看不起。我们采访的一位千禧一代年轻人这样解释:"如果我感冒了,打电话请病假,没有人会皱一下眉头,他们会希望我待在家里。但如果我承认自己需要请一天心理健康假,传闻就会无休无止。拜托,这可不行。"

在健康保险责任法案(HIPAA)下,美国公司的领导不能窥探员工的心理或身体健康状况,但询问情况总是可以的,这样做的目的是让团队成员在遇到任何与自身健康有关的问题时都能坦然地向老板汇报。然而,与我们交谈的大多数领导者心中都存在错误的观念。他们中的大多数人都不记得员工上一次跟他们谈论焦虑或抑郁是什么时候,正因如此,他们认为不需要担心自己的团队有这方面的问题。他们还争论说自己与员工之间有相当开明的沟通渠道,他们在大多数领域都能进行开明的沟通;然而,当涉及心理健康时,沟通渠道的作用就变弱了。只有四分之一受焦虑困扰的人表示自己和老板谈过这件事。其他人呢?他们隐藏自己的症状,其中许多人从学生时代就开始这样做了。

"鸭子综合征"这个词出自斯坦福大学,用来形容学生的伪装。就像在别的大学里一样,在这所压力极大的大学里,学生拼命学习,为的是让自己看上去一切顺利,似乎能毫不费力地、优雅地学好所有功课,平静地前进,就像池塘水面上的鸭子一样。但是,穿破水面,看看水下,只见那些优雅地、流畅地滑行的鸭子正在疯狂划水,推动自己前进,竭力浮在水面。

在工作团队中,许多表面上顺风顺水的人,实际上却面临垮掉的危险。几乎我们会见的每一位领导都能讲述这样的故事:一位有价值的员工,受困于压力和焦虑,以至于再也无法应对日渐严重的问题。一位领导带着明显的担忧告诉本书作者切斯特·埃尔顿:"我眼看着自己雇用的最聪明的员工在我面前慢慢垮掉。"失联变得极其普遍。《今日美国》(USA Today)对各企业进行的一项民意调查发现,多达一半的求职者和员工对雇主有过"失联"行为,比如突然取消面试或者不来上班。一位经理告诉阿德里安,回想起来,她忽略了一个员工的行为迹象:他对同事表现得越来越易怒,工作效率下降,请病假的次数增加。有一天,这个员工干脆不来上班了。

焦虑的迹象有时非常微妙,甚至连家人和最亲近的人都难以察觉。克里斯·雷尼(Chris Rainey)就是这种情况。雷尼是 HR Leaders 的联合创始人兼首席执行官、流行播客主播。雷尼告诉我们,他从小就会感到强烈的焦虑,但他对所有人隐瞒了这一点。"我在销售部门工作,压力很大,这里有着《华尔街之狼》(The Wolf of Wall Street)里一样的风气。焦虑情绪与日俱增,我好几天、甚至好几周都出不了门。我试着走出家门,但焦虑随之袭来。我很担心,他们会不让我升职吗?他们会认为我在撒谎吗?这个性格外向、每天电话不断的人有焦虑症？（这是）真的。"

雷尼结婚十多年了，他甚至没法儿把这件事告诉妻子。"如果有派对，我会找借口说我不能去。我在人群中会感到焦虑、不知所措。我担心恐慌症发作，这是一个恶性循环——对自己的焦虑症感到焦虑。"

终于，就在一年前，雷尼在他的播客上采访了一位嘉宾——联合利华首席学习官蒂姆·木登（Tim Munden），他们谈到了心理健康和木登本人的创伤后应激障碍（PTSD）。"我觉得自己像个伪君子，"雷尼说，"蒂姆非常脆弱，但还是分享了自己的处境。我平生第一次决定把事情说出来。这很可怕，我知道我妻子会听到，我的员工、我的合伙人、和我一起长大的朋友都会听到。那是我人生中极具突破性的时刻之一。但最终，我如释重负，这真是令人难以置信。"

雷尼说，他生命中的每个人都团结起来支持他。现在他有了他一直需要的人际关系网："我可以对我的妻子或我的团队说，我需要休息一下，因为我感到'压力很大'、焦虑不安。他们的反应就是'当然，没问题'。"

如今这位 CEO 对团队中那些可能需要休息的人非常敏感，比如他们可能需要请心理健康假，或者需要暂停工作。他留意那些可能正在水面下拼命划水的人。"有时候，最自信、最外向的人反而遭受着内心的煎熬。这真的很难说，"他说，"每天每分钟所耗费的精神能量都令人筋疲力尽。但现在，我解放了，可以把心思放在家庭和团队上，工作也变得更快乐、更高效。"

可惜，就像雷尼几十年来的做法一样，太多的员工保持沉默，他们可能担心自己过早地步入坟墓。这并不完全是夸大其词。根据斯坦福大学商学院和哈佛商学院教授的一项研究，工作压力和焦虑可能每年导致超过 12 万人死亡。简而言之，减轻焦虑与数百亿美元、大量员工的倦怠以及我们员工的身心健康都利害攸关。

那么，企业应该如何处理这个问题？既然焦虑如此普遍，那不就是说，是一种强大的社会力量促成了这样的局面，而企业对此根本无力阻拦？怎么能指望一个经理干预全球紧张局势？

尽管存在这种异议，但我们遇到越来越多的领导者成功帮助缓解了团队焦虑。而成功的秘诀就在于成为员工的拥护者。为此，他们调整了自己的领导风格，以专注于营造健康的工作环境为第一要务。爱因斯坦曾经写道："改变的能力是衡量智力的尺度。"说的也许就是今天的一流领导者。

韧　性

我们常常应各种组织的邀请讨论如何建立韧性，即员工应对变化和从挑战中恢复的能力。我们一讨论这些问题，许多领导者就会将焦虑水平上升的问题归因于业务转型之快速、竞争之激烈、韧性之不足等。却很少有人认为，他们管理团队的方式不仅会增加员工不必要的焦虑，而且有时还会成为这种焦虑的主要驱动因素。

有一位 CEO 与我们讨论过这个问题，他坦承："说实话，我们把压力作为武器，以此逼迫员工更好地工作。我们加剧了焦虑，而不是思考如何缓解焦虑。"然而，同时，这位聪明的领导也感叹，他的公司为了挽留能干的员工费尽心机，他说："得才、留才的能力将是未来 10 年企业发展的关键。"

这就是矛盾所在。遭遇严重工作焦虑的员工为数众多，领导者无法承担事情进一步恶化的代价，也无法让团队成员自行"振作起来""选择退出"或"冷静下来"。有这样一句名言："在冷静的历史上，从来没有人因为被要求冷静而冷静下来。"

太多领导还是搞老一套，认为最好让焦虑的员工"自生自灭"："他们就是不适合这份工作"，或是"我没有时间去担心每个人的心理健康"，他们会向我们说出来的。但是，若说那些焦虑的人能力更差、身体更弱或价值更低，这根本没有事实依据。事实往往相反——那些业绩最佳的人往往充满了强烈的焦虑感。一项研究发现，86% 的高度焦虑者被评定为在工作中具有独特创造力。这一发现颇有道理，这是因为，担心自己不够优秀的员工往往会更加努力地工作，以此证明自己。研究还表明，高智商人群比一般人群更容易焦虑，门萨俱乐部成员患焦虑症的比例是美国全国平均水平的两倍。

一流的领导者开始明白，营造健康的工作环境可以守护那些焦虑的人，这些人可能非常有能力、非常聪明，与此同时，还会形成对每个人都更加有益的工作环境，从而强有力地推动团队走向成功。以英格兰国家男子足球队最近的转型为例：英格兰足球队球员曾表示，在此之前，他们非常担心在比赛失利时遭受媒体谩骂，这种担心往往一语成谶。2016年欧洲杯上就出现了这种情况，强大的英格兰球队被小小的冰岛队淘汰了。主教练罗伊·霍奇森（Roy Hodgson）彼时辞职，新教练走马上任，是沉稳、谦逊的前球员加雷斯·索斯盖特（Gareth Southgate），他首先关注的不是战术或体能，而是建立一种有凝聚力的、积极的团队文化。2018年，在足球界最盛大的舞台——世界杯足球赛上，英格兰队杀入四强，取得了52年来最好的赛绩。

索斯盖特的成功使人们将目光投向现代世界所渴求的新型领导人。他的风格兼具共情和对个人的关爱。作为一名领导力研究者，这位新教练请来一位心理学家（文化教练）与球员合作，他甚至和球队分享了自己在1996年欧洲杯上射失点球，使英格兰未能晋级决赛的经历。他愿意谈论自己的挫折、焦虑如何影响他在比赛中的表现，这种意愿成为团队管理中一个革命性的概念，让球员和工作人员获得解放，让他们享受比赛带来的挑战，不再担心失败引起的恐惧以及"如果一切都不顺利"引发的灾难。球员们说，现在他们参加比赛时，是怀着向世界展示自己技术的兴奋心情，而不是担心会出什么差错。

无论在体育界还是商界，人们都一直认为卓越的技术比心理健康更重要。但是，有团队发现，正是心理素质给团队带来最大的竞争优势。索斯盖特是第一个愿意谈论职业球员焦虑的高水平教练，他经常愿意坐下来进行一对一或小组讨论，怀着同理心谈论他们的生活经历和焦虑，这就可以帮助球员。

这种领导力对每个人都具有奇妙的鼓舞作用，对那些与焦虑做斗争的人尤其如此。领导者需要了解焦虑的成员对于组织的成功有多重要。我们发现，社会能够运转靠的正是这些焦虑的人，而不是说，尽管这类人存在，社会依旧运行良好。的确如此，著名的灵长类动物学家迪安·福西（Dian Fossey）对人类的近亲动物进行了观察，发现焦虑的黑猩猩对于群体的生存至关重要。它们睡得浅，能最先感觉到危险并发出警报，它们构成黑猩猩预警系统。在一项实验中，福西决定把一个群体中的焦虑的黑猩猩转移到另一个地方，几个月后，当她回来时，发现其他猩猩已经死亡。看来，群体中那些焦虑的，向其他个体发出危险警报的个体，与群体的生存有着密切关系。

这超出了我的职权范围，对吗？

不难想见，有的员工在职场中比其他人更能从高压状态中恢复过来，可能是出于天性，也可能是出于教育，而领导者在培养个人韧性方面无能为力。无可否认，某些小伙伴无论在生活中遭受多少打击，似乎都能砥砺前行。我们中的一些人比另一些人天生更具韧性，人们正尝试探究其中有趣的科学原理。例如，虽然几乎每个人一生中都会经历负面事件——失业、离婚、住院等等，但不同的人对创伤的反应大相径庭。心理学家指出，有两大关键因素往往可以将恢复速度更快的人区分出来：掌控力和社会支持。

切不可将掌控力与乐观主义或"逆来顺受"混为一谈。掌控力指的是一种能力，即个人在任何境遇下都能认为自己有一定能力控制、影响自己的生活。这个概念对美国陆军非常重要，美国陆军为士兵及其家人提供为期十天的韧性训练课程，精心设计的密集课程旨在帮助那些可能进入战争等紧张状态的人，或是那些将亲人送上战场的人。学员学会用更积极理性的思维方式来对抗消极的心理暗示，对每天发生的好事心存感激，更好地专注于当前的任务，活在当下。通过练习，士兵们还学会如何避免不健康的应对心态，比如从心理上尽量弱化发生在他们身上的事。

社会关系良好的受访者有可能更快、更好地从创伤中恢复。若某人试图分享创伤感受，而朋友、家人或同事对此不接受或进行批评，那么他就会加大罹患PTSD的风险。伊利诺伊大学研究心理学家丹尼斯·卡明斯博士（Dr. Denise Cummings）说："研究人员认为，打击坦诚沟通可能会造成消极影响，这会增加对创伤关联记忆的认知回避和抑制，导致社交退缩、自责。"

大家最好记住，某人的生活经历不能算作此人缺乏韧性或感到焦虑的原因。焦虑可以影响任何人，可以出现在生活中的任何时刻，许多患有焦虑症的人并没有特别不堪的童年。焦虑的人很多，但绝大部分都不是一直焦虑，也不会一辈子保持同一个焦虑水平。

但是，宾夕法尼亚大学著名心理学家马丁·塞林格曼（Martin Seligman）的研究表明，无论我们过去遇到过怎样的困难，我们每个人都可以提高自己的韧性，可以学习如何更好地从挫折中振作起来，可以在艰难时刻坚持下去。

领导者帮助员工克服障碍和挫折会有巨大的好处。一位高中校长曾经对阿德里安说："说起来好笑，我一生中最让我担心的孩子从来不会在学校惹麻烦，他们从来不会被送进我的办公室。而他们长大成人后,也从来不用收拾残局,因为他们意识到事情搞砸之后生活还会继续,没什么大不了。"

当然,帮助成年人颇为不易。当情况恶化时,一些员工倾向于启用各种应对机制,比如防御、厌恶建议、缺勤,在极端情况下,还会"失联"。事实上,经验告诉我们,一个焦虑的员工很有可能直接跳到"失联"这步。安东尼为领导者提供了一条很好的建议:"当你说想会见某人时,无论会谈内容如何,不要让他在进门前胡思乱想。因为许多人会这样。人们并非对动荡的经济环境或悄然裁员的消息一无所知。直接说明天开会是为了修改一份报告,诸如此类,这会让你的员工免除一天的担忧,从而高效地工作。"

说到这里,我们并不是说领导者应该变成治疗师。可想而知,向专家咨询意义重大。对于感觉到任何程度的焦虑症状的员工,将其引介给公司员工帮助计划(EAP)或有执照的咨询师都会大有帮助。在这个方面领导可以发挥积极作用,而且正规项目可以带来巨大的回报。例如,普华永道发现,在心理健康项目上每投入1美元,组织就能获得2.30美元的平均投资回报,表现为生产力提高,索赔、旷工和出勤主义都有所减少(出勤主义是指即使生病、过度疲劳或其他原因导致工作效率低于正常水平也要去上班)。

据《福布斯》(*Forbes*)报道,仅在美国,员工健康状况不佳造成的总支出就超过5300亿美元，这是企业绩效下降的一大原因。哈佛医学院的一项研究进一步指出，心理健康也是健康的一个方面，在这类分析报告中却经常被忽略。研究人员解释说，认为"心理健康完全是员工的责任、企业不必考虑"绝非稳健的财务决策。"从长远来看，心理健康方面的花费可能是一种投资，不仅会让员工更健康，也会有益于公司的财务健康。"

挑明了说，我们非常支持公司提供心理健康援助。但引入员工援助计划和正规的内部援助项目并不是唯一的方案。领导也应担当起重要的角色。毕竟，团队就是一个具有自身动力的紧密的社交网络。在这个瞬息万变的时代，作为领导者必须特别注意这样一个事实：团队可能更容易受到焦虑的影响。鼓励员工坦陈自己的挣扎，以领导的身份倾听，这样做大有裨益。有一位年轻员工向我们吐露："我们抱怨时，十有八九只是想让别人听一听，而不是为了收获建议或解决问题。你只需说'听上去还挺难。很难想象你是怎么熬过来的。用得着我的时候说一声'。我们想得到老板的拥护，而不是继续容忍问题。"

职场心理健康研究所首席执行官彼得·迪亚兹（Peter Diaz）指出，领导可能"默认（让所有人找）EAP"，这往往会给员工留下不好的印象。迪亚兹说，想象你一个最好的朋友患上了焦虑症，"而你说'你为什么不和别人谈谈？'

或者说'吃点儿药吧',那么他们还能和你做多久的朋友?员工需要与自己的领导保持良好的关系"。他还补充说,如果领导能提供的唯一帮助就是将自己的员工从公司送走,那结果只会适得其反,因为这样做传达出的信息是:工作有毒,你得赶紧离开这里去疗伤。

迪亚兹问道:"如果员工觉得团队或公司正是问题所在,那他们还为什么要待在这里呢?"

迪亚兹并不是说饱受高度焦虑之苦的人不应该找治疗师谈,他完全支持心理治疗。但他认为,领导必须有担当,尽其所能减轻工作生活给员工带来的压力。"我们好像在谴责搞出问题的人,"他说道,"那我们自己呢?我们为他们提供了支持吗?作为领导,我是否平易近人?我害怕这个问题吗?"

问题的核心是:当员工向领导解释他们的心理健康问题时,领导是否愿意出面?他们知道如何帮忙吗?知道如何避免发展成心理咨询吗?这对如今的领导来说是至关重要的知识。

卡夫亨氏公司全球奖励部门主管雪莉·温斯坦(Shirley Weinstein)指出,如果说 2020 年的全球疫情有什么可喜的地方,那就是帮助各级管理人员意识到焦虑是一个真实的商业问题。"他们和家人待在家里,感受着额外的压力,同时还需要与团队保持联系。他们感受到了焦虑,意识到心理健康真的'有关系'。"她说。

温斯坦补充说:"我们希望领导帮助员工解决焦虑等情绪健康问题,这些问题与当今的不确定性交织在一起。然而,心理健康仍然有着挥之不去的污名。我应该举起手说,'帮帮我'吗?看看 EAP 的利用率吧,即使在疫情期间也没有增加。人们总会顾虑:'如果我把这件事告诉领导,他们会有什么反应?他们会做什么?'我们是否为领导们提供了正确的指导?是否告诉过他们应该怎么做?"

为了解决这个非常现实的问题,卡夫亨氏的领导原则之一就是"同理心和关怀"。温斯坦说,领导必须学会理解和诊断员工面临的问题,"包括工作量、工作与生活的平衡、心理健康、压力、倦怠、焦虑,以及精力不足。我们在思考,如何确保我们的领导们能够识别问题?他们能从哪些方面入手?如何以同理心和关怀来最好地解决问题?我们还没有攻克这个难题,但已经开始交流"。

我们希望通过阅读本节,团队领导者可以采用我们认定的一套方法(包含八种简单做法),极大减少员工的焦虑感。这套方法将帮助所有领导者传达一个信息:他们有幸领导各位员工,并真心实意地关怀他们,这样,能够让员工每晚回家时感到自己更有价值、被人倾听、被人接纳。我们合作过许多领导,他们的例子表明,这样做确实能够带来深刻的影响。

新冠疫情给全世界带来巨大的影响，我们都需自我调整，同时敏锐地意识到，即使制定了稳健的发展计划，市场看似安全可靠，再成功的企业也可能面临突发状况。因此，现在比以往任何时候都更需要培养员工韧性。

八个策略

我们花了 20 年的时间，培训领导和他们的团队改善工作体验和企业文化。过去 10 年，研究伙伴帮助我们调查了 100 多万名员工，可以看到，对领导者的管理方式进行简单易行的调整就会产生强大的效果。针对不断上升的焦虑水平带来的紧迫挑战，我们深入研究了引发焦虑的科学原因，意在找出最能缓解焦虑的管理方法。

阿德里安说过：我对这个项目的热情源于我的儿子安东尼，他为我撰写此书提供了帮助，曾与焦虑激烈斗争的他从自己的角度提供了丰富的见解。安东尼从小就患有严重的焦虑症，但他依然以优异的成绩从大学生物技术专业毕业。他在有机化学、物理和生物信息学等艰深课程中表现突出，同时还在美国国立卫生研究院（NIH）资助的遗传学实验室任兼职助教。

在他攻读本科学位期间，我们聊过很多，他谈到，有那么一些时候,他尽管对现在的课题和实验都充满热情,却觉得自己与工作或课程脱节;尽管常常熬夜学习,一度连续数月投入工作,周末无休,还是会时不时地感觉自己一事无成。回想起来,这说的就是鸭子综合征。我们的许多谈话都能够作为参考,这样的参考案例经常出现在员工向我们讲述的焦虑故事中。

阿德里安和切斯特与安东尼的讨论,深入挖掘了促使安东尼不断取得成绩的原因,我们意识到,在与焦虑症患者相处时,我们可以通过一系列具体的方式帮助他们建立韧性。正是这个灵光一闪的时刻让我们三人踏上了求索之路。

接下来的几年,我们从领导者那里听到了大量关于这个问题的倾诉,我们开始明白:我们可以帮助他们解决这个问题。

可以理解,领导者想到要钻研焦虑症不免心生怯意,所以我们代为分忧。不需要增加什么负担,这项工作的目标是为领导创建一份简易速读指南,提供能够快速上手的方法。

我们根据职场中主要的八种焦虑来源编撰本书,每章讲述一种策略,用以解决引起焦虑的各种问题,问题包括:

- 员工对企业应对挑战的策略感到不确定这种心态将如何影响员工的职业安全感。
- 工作超负荷,需要领导帮助平衡工作负荷、理清优先事项。
- 职业成长和发展前景不明确，需要明确日常工作情况。
- 完美主义为什么是完成工作的敌人。
- 害怕演讲、发言、辩论。
- 感觉自己是被边缘化的"局外人"（适用于女性、有色人种、LGBTQ+[①]群体和宗教少数群体）。
- 被团队成员排斥在社交圈外，疫情之下，远程工作更觉疏离。
- 缺乏自信，感觉自己被低估。

大多数人都是受其中的一两个问题困扰更甚，这就需要领导者发挥创造力，提供帮助。有的员工可能主要对紧迫的项目期限感到极度焦虑，那么他的挑战可能更多来源于他的完美主义，而非工作太多。困扰他的不是有多少工作要做，也不是什么时候要做完，而是自己能做到多好。而有的员工可能对自己的工作质量完全有信心，却因为察觉到团队或企业即将出事的迹象而感到紧张，她完全不相信管理层有解决问题的方案，也不知道这种不确定的未来会给自己的岗位带来怎样的影响。作为领导者，只要我们知道自己的目

[①] LGBTQ+：指性少数群体，即同性恋（lesbian and gay）、双性恋（bisexual）、跨性别（transgender）以及酷儿（queer）。

标，就可以用本书提供的方案来更有效地解决问题。我们不仅会分享要做什么，还将用相关的真人真事来演示如何做。

先讲个小故事"开开胃"。科罗拉多红山疗养院的首席执行官肯·休伊博士（Dr. Ken Huey）告诉我们，公司有一位新员工，上任第一周就错过了两项重要的预约。休伊说："我想着，这能行吗？我和我的商业伙伴和她好好聊了聊，她承认在处理这些预约之前恐慌症发作了，然后她就回家了，告诉我们她胃不舒服。"

"我们招募她是因为她能给我们的团队带来重要的技能，"休伊说，"所以我们决定，想办法减轻她的焦虑。如果她感觉任务太多，我们就交给别人。好消息是，她对我们的做法感到非常欣慰，在工作中再也没有恐慌症发作，并完成了我们期望的一切工作。"

休伊的这个故事让我们注意到，也许他的员工认为，在别人眼里身体上的症状会比精神上的症状更真实（尽管有时焦虑表现为身体不适）。我们想知道，她以前是不是遇到过那种忽视她的心理健康问题，并且回避现实问题的领导。好消息是，休伊善于倾听，他花时间去理解问题所在，并找到了有效的方法来帮助解决问题。

* * *

设法让团队成员感到安全、被理解、被接受是增强团队凝聚力的好机会。研究确凿无疑地表明，这种做法还能极大地提高工作效率。在这种新的管理方式上多投入一点儿时间和注意力肯定会带来回报,与此同时,还会极大地缓解领导者的焦虑,因为许多领导者本人也担心自己的职业安全感。管理咨询公司麦肯锡的研究指出:"大量研究表明,在一般工作环境中,富有同情心的领导者业绩更好,团队的忠诚度和敬业度更高,而在团队遭遇危机时,同情心变得尤其重要。"

当然,任何人都无法回避工作生活中无处不在的压力和威胁。无论我们怎么做,员工们都不可能完全不担心、压力或焦虑;对于当今职场的许多新挑战,领导能做的都有限。变革的步伐不会放慢,竞争也不会消失,但我们可以为缓解紧张、提供支持、激发热情和忠诚以及营造健康的职场而不懈努力。

健康职场,人人受益。

第 2 章

焦虑如何填补空白——焦虑与不确定性

帮助团队成员应对不确定性

> 如果一个人感受不到焦虑的痛苦,说明他没有注意到焦虑。
>
> ——一位 47 岁男子在采访中的评论

未知是引发焦虑的罪魁祸首,现代职场是未知的大本营。而最大的未知是:我们的工作岗位是否会长期存在。

截至2020年7月,有60%的美国工人表示他们职业安全感很弱。根据我们对年轻工作者的采访,就业恐惧正在导致一代人处于长久的焦虑之中,这种情况甚至在疫情暴发之前就已经存在。26岁的阿什利(Ashley)在金融服务行业工作,她告诉我们,她的焦虑与工作稳定性有关。"我们这一代人受到过去20年发生的各种事件的影响:'9·11'事件,有人被解雇;2008年金融危机,同样有人被解雇。现在,人工智能和机器人的发展也使得我们的工作可有可无了。"

记者马尔科姆·哈里斯(Malcolm Harris)在《如今的孩子》(*Kids These Days*)一书中声称,千禧一代为公司投入的时间更多,工作效率更高,但获得的回报更少。他说，年轻人"承担自我培训成本（包括学生贷款），我们作为自由职业者或合同工承担自我管理成本，因为这正是资本追求的目标。我们不是独立的个体，至少在老板眼里不是，绝大多数都是（可替代的）工人罢了"。

这些话在一些领导人听来颇不顺耳。然而我们发现，哈里斯的观点在他的同一代人当中并没有那么极端。我们邀请了几十位千禧一代和Z世代员工接受匿名采访（其中大多数都是受过大学教育的专业人士），结果让我们瞠目结舌。大多数人表示，到目前为止，资本主义让他们失望：与前几代人相比，他们得到的工资、福利、资助和保障都更少。事实上，员工同意全天候待命，在凌晨3点或度假期间查看手机的一个重要原因是害怕失业。恐惧是他们的驱动力，而我们大脑的某些部位（尤其是边缘系统）无法区分恐惧与威胁。当大脑的这一部位确定存在威胁时，就会激发报警反应。报警反应不是帮助我们专注地思考如何改善某种情况，而是会导致我们对有可能出错的地方感到忧虑，对该采取什么措施犹豫不决，这就会产生长期压力。

一些领导认为经济、工作或竞争的不确定性以及由此带来的压力会激发员工的斗志，但大多数员工的情况并非如此。不确定性会引发人们不同的身体反应，往往会对工作产生不利影响。下面让我们看看不确定性是如何影响两名职业篮球运动员的。

萨姆·卡塞尔（Sam Cassell）是一位出色的罚球手，在他的美国职业篮球联赛（NBA）生涯中，罚球平均命中率达到86.1%。然而，在关键时刻，即（1）加时赛，或（2）比赛剩余不到5分钟且两队都没有领先5分以上，卡塞尔的罚球命中率达到惊人的95.5%！面对不确定性，卡塞尔却冷静得可怕。

然而，他是例外，不是常态。

对比另外一位球员六次入选全明星赛，在此我们不提及他的名字（他可比我们壮不少），在巅峰时期，他场均能得到20分和10个篮板，罚球命中率约为NBA平均值，即75%。但是，在关键时刻，他的罚球命中率却下降到50%多一点。这位球星可以在常规比赛中全力以赴，但当不确定性占上风时，他罚球命中的概率并不比抛硬币好多少。

在此，给领导者一个建议：了解不确定性对员工的影响，并将相应的任务分配给正确的团队成员非常重要。有的老板说他们的员工需要"适应不确定性"，这说明他们根本不了解人类心理学。部分员工在不确定的情况下，以及执行不太明确的任务时可能表现得相当好，例如在没有既定策略或流程的情况下开发新的业务线。但是，还有很多人永远也无法在这样的环境中感到舒适，没法把工作做到最好；但他们可以很好地完成那些有流程、有规则的任务。

如今，许多员工都对不确定的问题感到紧张，忧虑日增,大到大环境中的挑战(如疫情)及其对公司的影响,小到各种鸡毛蒜皮的问题,如"我的老板到底想在这份报告中看到什么?"或"我的工作流程对吗?"

事实是,从整体上看,正在兴起的这一代年轻人是一个更加容易感到焦虑的群体,有人送了他们一个雅号——"偏执狂一代"。现在的年轻人更注重自身是否安全,普遍存在威胁感,而这在新冠疫情暴发之前就已然如此。阿什利·费特斯(Ashley Fetters)在《大西洋月刊》(Atlantic)上这样描述这一代年轻人:要扫视每个房间,寻找出口,在激烈的枪战中避免出局。这样的场景下,连工作都难以想象,更不用说休息了。

领导者还必须意识到,员工经常担心择业、自我提升的问题,而且非常害怕失业。一位千禧一代的人在一次采访中总结说:"我根本不知道什么叫充满职业安全感。"他不是唯一这样想的人。据《福布斯》报道,在将"害怕失业"列为工作中最担心的问题的人中,千禧一代的人数是 X 时代[①]的四倍。

当领导不能清晰、准确、持续地沟通组织面临的挑战以及这些问题可能对员工造成的影响时,不确定性就会加

---

① X 世代:指 1950 年代后期和 1960 年代之间出生的世代,即婴儿潮世代的下一世代,成长过程中经历了经济衰退、金融危机等事件。

剧。我们所有人都不得不承认，商业变革的步伐已经大大加快，组织瓦解的速度比以往任何时候都更为迅猛。对于员工而言，网上还有很多关于公司经营状况的信息，大多都是消极的。然而，大多数领导者并没有调整他们的沟通方式或频率，控制由此产生的过度焦虑，或减缓外部的负面声音。

领导个人难以从根本上处理大环境下的不确定性，但他们可以谈谈自己对问题的理解，谈谈企业的解决方案，尤其可以与员工交流一下这些挑战对团队有什么影响，以及解决问题的优先级顺序。

《成为乘法领导者》（*Multipliers*）的作者、甲骨文公司前全球领导者利兹·怀斯曼（Liz Wiseman）告诉我们："无论我们是面临流行病、社会不公，还是仅仅因为今天需要了解的东西太多，领导者的工作都是告诉员工，'跟我一起走进黑暗，让我们一起克服复杂性、不确定性、模糊性和波动性，走向更美好的未来。'领导者要集思广益，在前进途中寻找答案。"

然而，大多数领导者面临的挑战在于：要承认自己无法完全解决，实在太困难了。怀斯曼所描述的是一种极其与众不同的思考领导力的方式。

第 2 章　焦虑如何填补空白——焦虑与不确定性

率直的力量

在 2020 年疫情期间，FYidoctors 公司总裁达西·费尔洪（Darcy Verhun）致力于实施一种所谓"持续沟通透明度"的策略。

FYidoctors 在加拿大拥有 250 多家验光诊所，新冠疫情暴发时刚刚进入美国市场，为了遵守公共卫生要求，被迫暂时关闭了所有诊所，仅提供紧急眼科护理服务。"在这个高压时期，我们每天都通过视频会议软件 Zoom 与整个团队近 3000 名同事沟通最新消息。"费尔洪告诉我们："开会前，高管团队会花时间考虑团队成员的不确定性以及他们可能产生的感受。我们在总部会议室主持会议。想向我们的急救人员发出信号，告诉他们我们已经做好准备，将与他们同舟共济，在疫情期间我们会一直留在办公室，按照医疗当局的指导方针运营公司。

"每次会议开始时，我们都会再次确认计划，确认当天需要处理的关键问题，确认与前一天相比工作发生的变化。每一天都是流畅、动态的。这些天的经历对每个人来说都充满压力，随着会议的进行，问题通过聊天方式涌向管理团队。我们有时会打断对方，快速解决一个问题。我们必须快速思考，以公开和透明的方式做出反应。我们心甘情愿地这么做，从而建立起团队的信任、信心，让员工都能深度参与进来。"

费尔洪说，几周后，高管们发现其他人也开始回答问题了。"我们的医生和其他团队成员开始互相指导，飞快地回答彼此的问题，我们还没有看聊天内容，问题已经获得解答。这说明，每个人都在构建解决方案，帮助大家一起实现企业的目标。达到这种境界的唯一原因是，我们预先都有解释清楚，整个团队都理解我们做决策的坚定原则和价值观。"

时至年中，FYidoctors 的诊所重新开张，公司迎来了 12 年来最佳月度业绩和增长率。

而再看看雅虎的衰落就知道，在不确定时期公司缺乏透明度会对士气造成多大的损害。21 世纪 10 年代中期，尽管投资者对雅虎持乐观态度，员工们却已经开始怀疑公司的生存能力。根据《纽约时报》（*New York Times*）对雅虎员工的采访，高层已经开始一系列"秘密裁员"。他们每周都会召集一些人，悄然解雇。谁也不知道谁是安全的，谁会下一个离职，恐惧麻痹了许多员工。对于那些热爱这家公司、相信其平台的忠诚员工来说，整个过程都让他们感到迷迷糊糊、斗志全消。"我们都希望尽可能地发挥作用，利用起雅虎现有的优势。"员工奥斯汀·休梅克（Austin Shoemaker）一语道破许多忠诚雅虎人的感受。

最后，2015 年 3 月，在一次全员活动上首席执行官玛丽莎·梅耶尔（Marissa Mayer）告诉大家，"血洗"的日子结束了。她甚至来了个黑色幽默，说那个星期谁也不会被解雇。但此后不久，更大的裁员开始了。

员工们对雅虎面临的惨烈竞争心知肚明，同时，整个广告行业都不景气，雅虎的广告业务也在苦苦挣扎，新闻、体育、搜索引擎、电子邮箱等业务要想冲出突围更是难上加难。但接受采访的员工表示，他们希望团结起来，正视这些挑战，但这意味着一些人不得不离开公司，才能维持公司生存。梅耶尔试图用"重组"这个委婉的说法来掩饰裁员，但一名员工告诉《纽约邮报》："我认为人们不是想要得到安抚。他们希望了解事实，希望得到尊重和信任，这样才能规划自己的生活，同时提供帮助。"

几乎任何一家公司在出现产品故障、裁员、合并或经济低迷的新闻报道之前，大多数员工都会感到公司正面临挑战。在不确定时期，如果领导以不透明的方式谈论问题和公司对策，焦虑（通常是冷漠）就会加剧。

以通用电气公司为例，在首席执行官杰弗里·伊梅尔特（Jeffrey Immelt）任期内，这家公司成了另一个不幸的案例。早在公众发觉之前，员工就已经开始发现公司正面临严重的问题。然而，多年来，通用电气公司一直搞出一些"成功剧场"来粉饰太平。内部人士告诉《华尔街日报》（*Wall Street Journal*），他们的最高领导人不想听到任何坏消息，高管们继续表现出一种乐观情绪，但这种乐观并不总是符合公司运营或市场的现实情况。2017 年 5 月，伊梅尔特当着一屋子华尔街分析师的面说："我们公司很强，非常强。"然后为通用电气的利润目标进行辩护："我不是在胡言乱语，公司非常好，真的……但今天我发现，我们的股价和公司状况根本不匹配。"

确实不匹配，但不是他说的那种。当天，通用电气股价接近 28 美元，但不到两年就跌破了 6 美元。

我们观察到，新任首席执行官拉里·卡尔普（Larry Culp）为通用电气公司注入了一种"复兴文化"，在这种文化环境中，内部和外部利益相关者都能够清楚地了解战略安排，员工可以提出棘手的问题，并知道这些问题会以诚实、直接的方式解决。就职 6 个月后，卡尔普的话让我们大受鼓舞："我们想要尽可能透明地与人们分享问题、分享我们的计划。但这确实需要时间，我们不想掩饰什么。"

和卡尔普一样，世界各地的其他领导人也在努力，让员工在克服不确定性的工作过程中成为合作伙伴。例如，2013 年，美国电话电报公司（AT&T）的高管们得出结论：在公司的 28 万名员工中，有 10 万人的工作岗位极有可能在短短 10 年内变得无足轻重。AT&T 面临着和许多科技公司一样的问题：传统业务正迅速过时。行业发展从电缆和硬件转向互联网、云计算和数据科学，AT&T 的领导人知道，公司必须重塑自我。他们与员工沟通即将面临的挑战,并表示愿意尝试再培训员工,不愿放弃他们的知识和激情。

2013年以来,AT&T每年在员工教育和职业发展项目上投入约2.5亿美元,还提供3000万美元以上的助学金。截至2018年,该公司有一半的员工已积极学习新岗位技能,接受过再培训的人占据了半数的技术管理职位,获得了半数的晋升机会。

网络支持专家雅各布·戴维斯(Jacobie Davis)已经在AT&T工作了20多年,做过从销售到911线路维护的各种工作。公司转向以软件为主的业务,他就重新定位自己,成为一名基于云计算测试环境下的产品开发工程师。他说:"新的研究方向与传统技术之间的巨大差异一言难尽,就像白天和黑夜。"(我们将在第四章中介绍一种技能发展模型来帮助完成这一过程。)

AT&T清楚地认识到,大规模裁员会破坏员工对管理层的信任,而这种信任对于维护员工敬业度、推动创新和提高绩效都必不可少。自从进行人才改革以来,通过与员工如实沟通,并对员工进行再培训,从2013年到2019年,AT&T的收入从1290亿美元增加到1810亿美元,缩短了产品开发周期,同时加快了盈利时效,甚至还首次跻身《财富》杂志最佳雇主100强榜单。

如果公司高管不采用类似这样的诚实、明确的沟通方法，那么团队领导在分享有助于减少不确定性的信息时就会受限，但是，即便受到这些限制，他们仍然可以做很多事。我们采访了哥伦比亚商学院教授丽塔·麦格拉思（Rita McGrath），她说，这需要团队领导尽可能多地尝试消化不确定性，而不是将这些不确定性推给下属（诚然，这有可能影响团队领导本人的焦虑水平，但领导通常比员工能承受更多的风险）。

麦格拉思以她合作过的一家保险公司的产品开发团队为例。在此先介绍一下背景：美国的保险由各个州监管，所以一个新产品能否在特定的州上市销售取决于该州的监管委员会。本例中，项目负责人叫比尔（Bill），运营部门的联系人叫托德（Todd），比尔问托德他的团队是否准备好推出他们正在开发的新产品，但托德含糊其词。麦格拉思博士向比尔解释，他应该详细说明情况，让运营人员知道他们需要在多少个州做好推出新产品的准备。"但我们也还不知道。"比尔说。麦格拉思告诉他，作为领导，他比下级运营人员更有能力承担犯错误的责任。于是比尔重新找到托德，对他说："我希望你在 15 个州做好准备。"谈话气氛立刻好转。托德说，他的团队可以动起来了，有条件的话，甚至可以在 20 个州做好准备。

这个例子表明，虽然在一定程度上，一个人的工作不可避免地存在未知因素，但是，在存在变数的环境中，领导仍然可以通过明确的表述为团队成员减少不确定性。

在本章中，我们将介绍六种方法，领导可以使用这些方法帮助团队成员应对大环境问题的不确定性，比如企业的潜在威胁。不过首先，我们将讨论领导者为了减少不确定性应该沟通的最重要的问题：个人绩效和发展。

频繁一对一交流

员工的焦虑主要源于个人绩效和成长机会不够明晰。换句话说：我做得怎么样？我在这里有未来吗？如果领导对这些问题不给出清楚的解释，就会愈发引人遐思。我们曾经为一位高管献力，给他分配任务时，他习惯性地告诉我们："还没到这一步，到时候再说。"然后便送走我们。他认为自己给了团队"创作自由"，可以鼓励团队做出最好的工作成绩，但实际上，他是在把焦虑升级到令人痛苦的程度。

当然，我们知道，可以通过一些正式方法向员工提供反馈，比如年度评估。但是研究表明，像年度评估这样的不频繁的审查会议，远远不足以应对员工在这半年或一年里可能感受到的工作不确定性。许多公司已经决定，要么改变绩效评估，要么完全放弃这样的评估方式，以其他流程取而代之，这些流程反馈更及时、更频繁，而且由直接主管推动。

我们将这样的流程称为持续审查，是一种提供持续反馈并以实时指标衡量员工绩效的方法。

格雷格·派珀（Greg Piper）是碧迪公司全球持续改进总监，他的团队成员都远在世界各地，他和每一位团队成员每隔一周举行一次时长30分钟的一对一绩效和发展会议。"'你想聊点儿什么呢？'我总是先这么问。"派珀说。

斯蒂芬·文森特（Stephan Vincent）是点对点支持网络 LifeGuides 的高级总监，他每天都从问同一个问题开始："每天早上，我给每个团队成员发的第一条信息是'今天感觉怎么样？'因为今天可能和昨天不一样。"深入探讨之前不应操之过急，应该给想分享的人一些时间讲述自己的故事。回答"感觉不错"以后，就要看领导怎么追问了。

"未来的职场将更加人性化，事务性工作将比过去少，"文森特补充说，"我们建立更强韧的纽带关系，将为公司带来更高的生产率、更多的协作与创新。"

说到这里，请注意，永远不要问别人"你焦虑吗？"安东尼解释道："这是在侵犯隐私，可能会让事情变得更糟。相反，可以考虑私下问一些类似这样的问题：'我注意到你有的时候好像压力很大，我能帮什么忙吗？'"

BetterWorks 的研究证明了持续审查的价值。该研究发现，每周与领导会面并讨论目标进展的员工，实现目标的概率最高可提升24倍。通过持续审查，领导还能在必要时给予重要反馈，消除许多工作做得很好、但担心自己表现不佳的员工的焦虑情绪。根据一项针对 3 万人进行的领导力智商调查，只有 29% 的人知道他们的表现"是否达到了应有的水平"。同样令人不安的是，超过一半的人表示不清楚自己的工作做得好不好。

我们曾与一位名叫泰勒（Tyler）的客户服务部门员工会谈，他说，从一位能言善道的经理手下换到一位少言寡语的经理手下后，他开始有些茫然，不知道新领导对自己的表现有什么看法，也不知道新领导是否觉得自己还能继续进步。泰勒最终决定请经理给他一些反馈意见，以减少他的不确定感。他们坐下来会谈，经理描述了一些目前为止看到的积极现象，也提出了一些需要改进的地方。泰勒告诉我们，他发现这些改进意见听起来"很刺耳"，自己反而为此纠结不已。他不是一个人——人类大脑具有负性偏向，大脑的电活动对消极信息的响应比对乐观信息的响应更强烈，当我们听到关于自己的坏事时，就像碰到胶水一样被粘得牢牢的——哪怕好事比坏事多十倍。而讽刺的是，这可能正是那位经理起初极其不愿给他的员工提供反馈的原因。

泰勒同意按照我们的指导，在下一次和经理会谈时尝试一些新方法。我们告诉他，首先要注意经理所说的所有积极的方面，把这些东西写下来，不要把注意力放在任何缺点上，直到了解经理对他的优点的全部想法。他反馈说，用笔记下经理说的好话让他感觉非常奇怪，再让经理解释就更奇怪了。但仅仅过了十分钟，他就开始意识到经理很清楚他的长处。然后，泰勒从新的角度看待经理提出的改进意见，这是为了帮助他发展才能，使他能够进步，而不是对他的整体能力进行讨伐。会后，他恢复了信心。

我们把从这件事中汲取的教训转告给与我们合作的领导者，那就是，领导者需要花比过去多得多的时间来明确表达对员工优点的赞赏。

关于这一点，我们曾经听到过这样的抱怨：经理们需要承担太多工作来帮助每一位下属克服内心的不确定性，需要太多的指导、沟通和套交情。2019年年底，阿德里安在斯德哥尔摩的北欧持续改进论坛上举办文化变革领导研讨会时听到了这样的抱怨。数百名与会者来自瑞典各地的多家公司，有一次，阿德里安给了他们一个任务，让大家头脑风暴，想出一些更好的方法，用于与团队讨论变革以及改进复杂环境中来往不断的信息流。在汇报中，一位年长的经理抱怨年轻一代："领导他们很有难度，他们需要太多指导和反馈了。"

紧挨着的桌子上坐着一对年轻的员工，显然只有20多岁。于是阿德里安问他们："你们需要的指导和反馈很多吗？"

他们咯咯地笑了起来，其中一个年轻人摆出了瑞典式的幽默："我认为这种说法不完全准确，我认为我需要的是持续的指导和反馈。"啊，年轻的智慧！

通常，如果员工不能适应变化或拒绝推陈出新时，即使他们拥有卓越的能力，能够改变他们自己的行为或改善现状，他们仍然担心影响工作。由于领导者不会明确地要求他们多出力，这些人只会让做什么就做什么，绝不多做。更糟糕的是，在该说点什么的时候，他们也不说。

为了写这本书，我们采访了《无畏的组织》（*The Fearless Organization*）一书的作者，哈佛商学院的艾米·埃德蒙森（Amy Edmondson）博士，她解释说："当人们的人际焦虑感增强时，他们会担心，'如果……，我会有麻烦吗？'或者'如果……，我会被拒绝吗？'心理安全意味着没有人际焦虑，人际焦虑就是那种'你觉得我怎么样'的焦虑，它在人生经历中非常普遍，会妨碍人们做正确的事情，比如提供建议、为避免危机而呼吁，等等。"

领导以一对一的方式说清原委，能够让员工知道什么可以做、什么不可以做，以及需要采取什么必要措施。这还有助于员工承担新项目或监督各种任务，因为他们了解了自己新职责的范围以及在哪些方面可以自由决策。

举个例子，我们有一次拜访了美国职业足球大联盟（MLS）皇家盐湖城球队的营销总监布雷特·费舍尔（Brett Fischer）。此前一天，球队刚刚主办了一场季后赛，费舍尔指派了一位友好、外向的员工来管理团队商店中的一台收银机，她叫丽莎（Lisa）。费舍尔一直很忙，在给丽莎布置任务时，他只是说了句"自己发挥吧"，然后就跑去做其他事情了。

丽莎开始和每一位排队的顾客聊天，问这问那，说说笑笑，在这个盛大的比赛日，她友好的谈话拖慢了队伍移动的速度。费舍尔把丽莎拉到一边说："我没说清楚，这是我的错。通常情况下和顾客聊聊是好事，但今天，收银得抓紧点。二选一：要么，让另一个人到前面来管理收银机，你和现场的顾客互动；要么，你就得集中精力，拿出100迈的速度来。"

一开始，丽莎很抵触，很受伤。"她认为我批评的是她这个人。"费舍尔说。她越来越焦虑。但费舍尔向丽莎澄清，在这个繁忙的日子里，他们的顾客需要的是速度。最后丽莎说："我想留在收银台。"

在接下来的几小时里，费舍尔多次留意丽莎，她的队伍忙成一片。"她在比赛结束后离开时，感觉像个百万富翁。"费舍尔说道。

不可否认，这是一种温和的互动，但这难道不是团队中最常见的现象吗？费舍尔制造了模糊不清的局面，但他大度地承认了自己的错误。他努力以业务为中心来缓解潜在的焦虑局面，给出了诚实但友善的反馈，帮助丽莎了解顾客需要什么，而不是让她觉得自己失败了。

他认识到，预先明确地告知期望目标，可以让员工更有效地投入工作。

定期的、清晰的一对一沟通有很多好处，但许多领导仍然对他们的员工需要这种指导表示失望。相反，他们希望员工工作更自主。的确，一定程度的自主不仅对效率提升至关重要，也会给员工带来一种赋权感，没有人喜欢被微观管理。但是，对于处理工作的方法，领导通常可以提供很多可供借鉴的专业知识和有价值的例子，他们如果不付出时间分享这些智慧，就会大大加剧员工的焦虑水平。

如今，各种公司都有十分具体的日常运作方式，几乎每个团队都有独特的平台，成败完全在于细节。分享细节也许听起来乏味，但领导者在考虑如何完成工作时，应该每次都像第一次一样周详。许多他们一语带过的简单细节可能会成为与团队成员进行的重要对话中的焦点问题。

直面不确定性的六种方法

在指导管理工作的过程中，我们开发出一套方法，任何管理者都可以使用这套方法与员工沟通，帮助减少不确定性。这套方法通过各种方式帮助员工感到被需要、增强参与感，包括：与他们定期举行小组会议讨论、辩论行业变化，以及这些变化对团队的影响；采用积极的方式一对一地听取员工的担忧和建议；开发度量标准来衡量是否成功地帮助员工了解企业面临的潜在挑战、参与寻找解决方案。

方法一：不知道所有的答案也没关系

卢茨·齐奥布（Lutz Ziob）在担任微软教育全球总裁期间带领他的400人团队进行了一次重大转型。多年来，他的团队广受外部关注，他们教客户公司内部员工使用微软工具包，靠这个业务赚了数十亿美元。放眼未来，争论的焦点变成是否应该放弃这种有利可图的业务，转而早早培训人们使用微软产品——从大学或高中就开始。齐奥布对此没有答案，所以他转向团队成员寻求答案，并引进了一种结构化的辩论方式。

他要求团队成员带着证据和观点进行一系列讨论，他们要激烈地为自己的观点辩护，然后改变立场再讨论。例如，克里斯（Chris）从销售的角度表示反对，而李·安妮（Lee Anne）则从市场营销的角度表示支持。然后齐奥布让双方交换立场，继续讨论。畅销书作家利兹·怀斯曼（Liz Wiseman）解释说："最终很难搞清楚谁赢得了辩论。输赢并不重要。角色互换混淆了'谁'这个因素。"

齐奥布尽可能地减少不确定性，提供最佳的可用信息和环境，让团队分析未来情况并共同做出明智的决策，打造了一个茁壮成长的团队。怀斯曼告诉我们，他曾经采访过齐奥布的直接下属："他们说，领导创造了一个学习环境，人们可以试验、冒险和犯错误。正因如此，他们的团队能够在不确定的情况下做出明智的决定。"

方法二：在困难时期放松控制

尼科尔·马拉考斯基（Nicole Malachowski）是美国空军雷鸟示范中队的首位女飞行员。她在采访中解释了飞行员在遇到气流或逆风时的飞行模式，"抗拒改变是人的天性。当我们以三英尺（约0.91米）的间隔、每小时四百五十英里（约724千米）的速度倒飞时，我们彼此之间有个约定，即松开驾驶杆。如果在飞行时五指紧握驾驶杆，试图对每一次颠簸做出反应，就会陷入所谓的'飞行员诱发振荡'，修正过大，不仅不安全，还会让事情变得更糟糕。当飞行发生颠簸时，我们只需用几根手指，放松地握住驾驶杆。"

可惜，研究表明，超过一半的员工表示，在情况不明、压力很大的情况下，他们的领导会变得更加保守、更有控制欲。马拉考斯基以飞行类比，能够帮助我们更好地思考如何带领团队克服不确定性。我们作为领导者，如果在危机期间反对变革或试图控制员工工作的各个方面，通常会让事情变得更糟糕。如果领导者保持放松，保持开明与好奇心，从长远来看，他们更容易取得成功，团队也更有凝聚力。

让我们再来回想一下布雷特·费舍尔和丽莎的场景。那天店里确实很忙，布雷特作为经理压力很大。试想，如果他不是花了几分钟时间用一种关心的态度和丽莎一对一地谈话，而是试图对她进行微观管理：也许是在房间的另一边打着手势示意加快速度，或者自己接管收银机，或者给她过于复杂的指示，结果会如何呢？

作为领导者，我们是否经常在事情变得紧张时便开始微观管理？

塔莎·欧里希（Tasha Eurich）是一位组织心理学家，她撰写关于自我意识的文章，同时她也饱受焦虑之苦。她告诉我们，领导者在危机中必须活在当下。"不确定性确实存在。例如在疫情期间，我们担心什么时候会有疫苗？什么时候才能回到办公室工作？我们不知道。我能控制的是我所拥有的那一天，或我所拥有的那一刻，这样想就能减轻我的压力。"．

"如果你有焦虑症，每天晚上睡觉前你的大脑都会快速运转，所以我强迫自己想象明天能够达到的最好状态。现实的期望是这样的：也许我会接到一个老朋友打来的电话，或者接到一个客户的合作询价。这样就是在构建希望和乐观，是在对自己说：'一切都会好起来的。'"

欧里希博士的话可以给我们进一步启发，领导大可偶然让团队成员知道，原来他们的老板也会有压力、可能需要一点儿帮助。这种身为老板的脆弱性（承认焦虑）将十分有助于员工在需要帮助时敞开心扉。

方法三：确保每个人都确切地知道工作期望

这听起来是个基本要求。然而，如果做不到，员工不了解每天需要做什么时，就仿佛在焦虑的火上浇了油。对于这条建议，领导也许会说："我的员工当然知道他们应该做什么！他们知道工作描述、知道应交付什么成果、有等待达成的关键业绩指标和目标。"按理说，每个人都应该有一组具体的目标。然而，我们拜访的员工屡屡提到，没有人清楚地告诉他们到底应该做什么，或者，他们不清楚自己的目标完成得怎么样，这让他们很痛苦。

为了撰写本书，我们采访了一些员工，根据这些采访，我们可以证明很多焦虑源自工作中的细节，而领导们往往认为这些细节无关紧要。惯常认为：如果一名员工询问细节，说明他们对流程不熟悉。没错，一些年轻的受访者抱怨说，他们接受的在职培训偏于概论，而非针对职位量身定制的工作细节。比如，如何使用软件、遵循什么流程、如何系统工作。千禧一代的安东尼（Anthony）说："有些工作中，我感觉非常茫然，没有人告诉我细节。我时常在想，'哦，不，我得第三次问这个问题了。也许我天生就不是干这行的料'。最终，我自己搞懂了所有细节，也许这就是从来没有人告诉我的原因吧，但是对我来说，这个过程是最困难的。"

是的，人们也许有目标，但是，正如安东尼所描述的：如果员工得不到实现目标所需要的足够指导，如果没有人花时间向他们展示最有效的方法或者警告他们要避免哪些常见错误，如果领导不帮助他们应对出现的挑战，焦虑则会加剧。

另一名年轻员工向我们吐露心声："我愿意不惜一切代价让我的领导时不时花几分钟，帮我给手头的工作区分优先级，或许还能指点一下我有多大的自主权去做决定。"这句话值得我们所有的领导者三思。

在很多情况下，老板认为他们已经清楚地传达了他们的期望，但实际上根本没有说清楚。这可能会导致员工停工或开工失败。但是，当意识到自己没交代清楚的时候，一流的领导者会承担责任，听取改正意见，然后尽可能更清楚地解释需要做哪些事。

此外，在不确定的时期，目标的时间跨度应该大幅缩短，人力资本管理公司 peopleHum 的创始人兼首席执行官迪帕克·纳克纳尼（Deepak Nachnani）表示："想得太长远会导致压力，加剧焦虑。公司处于'生存模式'时，我们会设定每周目标。'我们下一周做什么？'这时我们不谈论长期目标，而是专注于非常短期的目标，这样一来，消极的想法就没有机会出现了。"

方法四：让员工专注于可控因素

有一些影响员工业绩以及团队或企业未来的因素是任何个人都无法控制的。经济低迷很可能会影响销量，关键供应商出问题会拖慢生产和交货的速度。如果团队成员把注意力集中在他们无法控制的事情上，焦虑就会增加。要做出有效的领导，需要帮助员工确认他们无法改变的事情，将他们的注意力转移到他们可以改变的事情上。这是一种比针灸更好的减压方式。

我们曾经拜访过一个客户服务团队，该部门负责美国市场的部分工作。在焦点小组会议上，员工表示，公司过时的工作流程管理系统是一个痛点，没有一个员工能达到要求，他们非常沮丧。

尽管如此，这个团队却因为工作质量取得了很高的评分。员工告诉我们，他们非常感激自己的团队领导，因为她有效地缓解了员工为了保持预期速度而产生的焦虑。她教导员工接受现有系统，并解释，美国市场的其他部门也没有做得比我们快；她鼓励员工把注意力转向工作的准确性，她承受了所有来自上级的批评，帮助她的团队专注于他们每天能完成的工作；她建立可行的时间表，激励他们交付成果；每个周末，他们都庆祝团队保质保量地完成了工作。

她说："我们能控制的是我们的职业道德、我们提供的产品质量、我们对待彼此和对待客户的方式。"这位领导让她的员工练习的是"情感接受"。她不曾试图用积极的想法来消除压力，因为这往往只会让事情变得更糟，相反，她调整了员工的任务清单，强调他们能实际掌控的东西。

不幸的是，模糊或不切实际的目标如今并不少见，领导常常用遥不可及或模棱两可的目标来推动团队达到他们的极限。但是，如果从来没有任何人达到目标，就会导致倦怠、漠然以及因未能达到目标而产生的强烈焦虑。这位领导能够指出每个人都在做出有价值的贡献，这让一切都变得不一样了。

要实现这一目的，可以重新分配员工的待办事项清单，确保每个项目都包含一个行为动词，例如，"在一小时内回复电话"。如果找不到某个目标的具体行为动词，则表明这个行为超出了一个人的控制范围，可能会导致过度的压力。举个例子，"良好的电话习惯至关重要"这一目标就很模糊，很可能会给团队成员带来更多的压力。

方法五：崇尚行动

"为了帮助我们的员工自我调节焦虑，我们向他们展示如何接受风险，如何崇尚行动。"WD-40公司全球组织发展副总裁斯坦·塞维奇（Stan Sewitch）解释说："缓解压力最好的方法之一就是运动，已经证实，运动对减少交感神经系统的衰弱很有用，既包括思维运动，也包括身体运动。"

在崇尚行动的团队中，员工会不那么害怕做决定和向前进，即使面对不确定性也是如此。在这样的环境中，人们不会花费几天、几周或几个月的时间来讨论他们的方法是不是唯一符合逻辑的。他们知道，不是所有的工作都能达到完美，也不害怕因为做出错误的决定而被追究责任。"崇尚行动"是一个非常重要的概念，是零售巨头亚马逊的核心价值观之一。这家公司宣称："做生意贵在神速。许多决定和行动是可逆的，不需要做太多研究。我们看重经过权衡的冒险行为。"

然而，在不确定状态下，太多人不知所措，无法决定采取什么行动，他们担心自己会为错误的决策负责。塞维奇补充说，领导的任务是，首先，阐明事实，让员工得到所有可用的信息（我们目前知道什么、不知道什么）；然后，鼓励和引导员工行动起来。领导还应树立榜样，因为眼见为实，耳听为虚。"让员工知道领导看到了他的进步之处，这一点很重要，因为员工自己可能意识不到哪里有进步。然后庆祝这些胜利。最后，不要因为员工犯了理解上的错误而惩罚他们，或者说，不要因为这些"学习时刻"的错误而惩罚他们。"

WD-40 公司首席执行官加里·里奇（Garry Ridge）为我们解释了"学习时刻"的概念，他告诉我们："学习时刻是将任何决定、行动或事件造成的积极或消极的结果分享给大家，目的是提升我们集体的知识。"他补充说："这可能是一段沮丧的时期，也可能是灵感迸发的时期，是合作突破的时期，人们可能在这个时期偶然发现一个问题、发掘一个机会或遭遇一项倡议失败，然后交流他们学到的经验教训，不用担心报复。"

"我们不期待完美。追求完美不会产生伟大的结果，只会阻止人们展开行动或冒险。我们希望人们充满好奇心，乐于尝试，能够坦然面对结果的不确定性。"

里奇继续解释他对学习时刻的理解："别人介绍我时，我们公司的声誉往往比我更重要。司仪可能会夸我几句，这时我会说，'我给各位说句实话，我是 WD-40 公司的董事长兼首席执行官，但我在很多事情上都自感无能，在大多数事情上，我可能都是错误的，只是大致正确'。"很明显，谦逊是创建一个不惧行动、学习、发展的企业的先决条件。

方法六：提供建设性反馈

这是一句格言，每个人都言之凿凿，但很少有领导者身体力行。提供建设性反馈以一对一的绩效和发展对话过程为基础，这一过程对于减轻焦虑极为重要，因此，值得列为单独的一条方法。我们会见过的最高效的领导者并不害怕提供公平、有力的指导，然而，根据《福布斯》杂志的报道，90%的领导表示，他们避免为员工提供建设性反馈，因为担心员工反应恶劣。有趣的是，研究还表明，如今约65%的员工在收到老板的个性化反馈时感觉受到了不公正待遇。

为了提供建设性反馈，我们（作者）建议领导者不要使用通常推荐的"三明治"方法，即在两个积极反馈之间提供一个消极反馈。"三明治"方法让建设性反馈淹没在赞美之词中，或者让员工只关注到了消极的方面。这样是不好的，最好的建设性反馈不是泛泛而谈，而是包括具体的改进意见，还要有适当的、有意义的表扬。

我们培训的一位客户承认，他一向不善于提供反馈，但愿意再试一次。最开始，他尝试向一位多次错过工作截止日期的员工提供反馈。他给我们讲述了他和这位员工的一次私下谈话。他说："我注意到过去几周你的工作方式和工作成果有一些变化。我知道你平时很专注、很主动，所以我想，你是不是遇到了什么麻烦，我能不能帮什么忙。"我们告诉他，这样说真是太棒了。他开门见山，坦陈问题，不模棱两可，同时让她知道，她的工作对整个团队来说极具价值，他还表示愿意和她一起解决这个问题。

这位员工承认有一些工作之外的个人问题困扰着她，领导对此表示同情。听完之后，他给她放了几个下午的假，让她解决这些问题，然后，他们一起为她后续几周的任务安排优先次序。他们每周开会探讨，不久后，她就提前交付了一个项目。我们鼓励他公开奖励这一成就，他也在下一次员工会议上就提出了奖赏。他说，那位员工非常自豪能与团队分享自己成功的经历。

当我们问及领导者为什么在提供建设性反馈方面无法达到员工期望时，他们经常表示，这样的行为不但令人不舒服，而且耗费时间，"没有任何人想听到别人告诉他做错了什么。"对此我们也很理解，我们公司曾经有过一位员工，我们尝试指导他更好地与同事合作，但这位员工不相信自己有问题。他是首席执行官的朋友，所以我们得小心行事。在一次培训课程中，我们提出了具体的期望，并告诉他公司同事反映的关于他的一些情况（经过他们同意），让他了解自己未达到预期的事实。

这名员工对此仍然持怀疑态度。为什么这些同事不亲自告诉他？接着他离开会场，在接下来的几小时里与我们提到的每个人对质。被质问的每个人都像西班牙宗教裁判所拷问台上的犯人一样放弃了自己的"信仰"。最后，在这位员工看来：不错，同事一致认为我是一个很棒的合作者；不错，领导一定是误解了这些同事说的话。这位员工很高兴地回到了他的幻想中。

我们认识到，有一小部分人永远不会接受指教。他们想要的是认可，不是成长。领导者可以继续耐心地尝试将这些人纳入指导过程，但在某些时候，我们必须确定他们是否适合这些岗位。在这个案例中，这位不合作的员工最终由于团队成员的抱怨越来越严重，乃至无法忽视（那时我们有了一个新的 CEO）而被"重组"了。

然而，尽管存在不可调教的人，我们还是必须坚持帮助员工超越现状、蓬勃发展。不论是积极反馈还是建设性反馈，对于培养团队成员的意志力和韧性都是必要的。建设性反馈至关重要，因为它阐明了期望，建立起进步的信心并帮助团队成员从不可避免的犯错经历（领导也会犯错）中爬起来，汲取经验教训。还有一点值得注意的是，随着时间的推移，当纠正错误成为团队的常态，员工不会再把它当作针对个人的行为，这样的反馈对话会变得不再那么让人不舒服。这只是团队运作方式的一部分，正因如此，这种一对一的对话应该是积极的、真正有建设性的，而不是令人紧张或尴尬。

综合运用各种方法

多利亚·卡玛拉扎（Doria Camaraza）是美国运通服务中心（佛罗里达州劳德代尔堡、墨西哥墨西哥城、阿根廷布宜诺斯艾利斯）高级副总裁兼总经理，她领导着一个由数千名呼叫中心专业人员组成的庞大团队，经历了十多年不断变化、不确定的工作，是我们合作过的一流领导者之一。信用卡行业变化无常，卡玛拉扎试图保持信息透明，她向员工承诺，她一旦知道事情可能有变，就会通知他们。她鼓励领导团队遵循一些形式上的准则，包括"我们公开、诚实、坦率地沟通""我们寻求解决方案，而不是相互指责""我们设法让人们参与对他们有影响的决策"。

卡玛拉扎会带来不好的消息，但也给大家带来希望。她向员工解释公司保持自营业务而不外包给第三方呼叫中心的理由，她让员工知道需要确保工作的及时性、准确性，控制好工作成本。

领导者对于残酷的事实往往三缄其口，他们担心讨论这样的事实会使员工气馁或跳槽。然而，对于员工来说，直面事实是一件激动人心的事，这种参与感让员工感觉自己进入了核心圈，可以为应对挑战出谋划策。如果传递的信息模棱两可，只会导致不可避免的坏消息一拖再拖，或者拉大信任的鸿沟，甚至两者兼而有之。

Simplus企业管理公司首席执行官瑞安·韦斯特伍德（Ryan Westwood）谈到了焦虑和不确定性之间的联系，这次谈话对我们的影响尤为重大。他说："如今人们对领导从心底里就不信任。"这是一种深刻的理解，我们希望每一位管理者都能明白这句话有多么真实。韦斯特伍德继续说道:"你必须证明你值得信任。当疫情暴发时,我们做的第一件事就是削减管理人员的工资,包括我本人。我们很早就对这一点进行了沟通,这传达了一个信息,即我们愿意做出牺牲。"

尽管如此,在危机发生三个月后,这位首席执行官和他的团队意识到他们将不得不进行几批艰难的裁员。"我们召集了世界各地的 500 多名员工召开全体会议,我告诉所有人,我们试图在不裁员的情况下渡过难关,但我们不得不裁员了,这可能会影响到大约 3% 的员工。"他公开了一些数据,解释了裁员的必要性,针对那些将受到影响的人,他大概说明了公司的计划。"令人惊讶的是,后来我收到了很多信息,都是这样说的'我绝不会认为自己在这里被黑了',或者'我一向觉得您会对我坦诚相待'。"最终,实际只裁员了 1%,因为他的团队振作起来,将影响降至最低。

信息公开是罕见之举,尤其是对于一些敏感的问题。当我们为各种企业提供咨询服务时,发现许多领导者都没能帮助员工真实地了解自己未来能否稳定发展、晋升天花板在什么位置。例如有一家制造厂,这里的人力资源经理已经工作了 20 年,有一定的资质,也获得了一些证书,他的目标是在人力资源副总裁退休后接替他的工作。当这一天终于来临时,他提出申请,但只收到了 CEO 的一封电子邮件,上面写着:"我们不能支持您担任此职务。"没有任何提示,没有面对面的坦言，20年的工作等来的是这十二个字，使他自己、同事、家人对公司的看法永远定格。相比之下，我们在美国运通呼叫中心进行采访时，所看到的情况令我们惊叹：卡玛拉扎的领导团队的每一位成员似乎都被勒令以尊重、诚实的态度告知员工他们的发展机会和职业潜力，甚至不介意有人因为这种坦白而决定离职。要求员工盲目地走向未来绝不是一个好主意，对员工如此，对企业也如此。

员工必须有向上沟通的渠道（不仅与团队领导沟通，还包括与高层领导沟通），还必须知道有人可以倾听他们的意见，如此才能达到我们在一流团队中所见的那种透明度。我们都见识过领导拉关系的手段，"嗨您好！噢不错！"这样的套话不会给任何人带来温暖的、令人愉快的感觉。如果没有人真心倾听，那些本来希望为公司面临的问题出谋划策的员工甚至会打消试一试的念头。

在向上沟通方面，曾任杜克能源公司总裁兼首席执行官的詹姆斯·罗杰斯（James Rogers）颇有经验。罗杰斯以解决棘手问题而闻名，他曾与约100名经理召开"聆听会议"，时间长达3小时。你可能见过这种会议，结果有好有坏。罗杰斯的会议结果是好的，这也许是因为他一开始就让所有人在电子投票设备上给他匿名打分，打分范围从A到F，打分结果立即显示在屏幕上供所有人观看。他的分数一般都不错，但只有不到一半的员工愿意给他打A。

他把这些反馈记在心上，每次会议都这样开场，随后问一些开放式问题，比如他们在"前线"发现了什么问题以及他能帮什么忙。颇有几分讽刺的是，他发现"内部沟通"得出的结论往往是大多数下级认为他可以改进的方面。正如罗杰斯所见，向上反馈包括接受批评（即使这些批评是直接的、针对个人的，而且提出这些批评的人是你的下属），这通常意味着可以采用这些建议来改进领导风格。而此时唯一合适或必要的回应就是"感谢反馈"。

瑞安·韦斯特伍德多次举办了这样的公开反馈会议，他认为这些会议具有一定的启发性。"我们曾经制定了一个方案，如果员工获得更高级别的证书，就给予现金奖励。我们的领导团队对此兴奋不已。接着，我和一组员工分享了这个计划。他们却说，'瑞安，这是胡扯。没人会做的。'这令我很震惊。"

韦斯特伍德向这组人咨询其他建议，然后根据新的建议召集领导团队重新设计了方案。他说："这些员工之所以响应这个方案，是因为现在用的是他们提供的方案。这是一个巨大的成功，我们看到获得证书的员工的数量翻了两番。"

如果说不确定性有一个积极的方面，那就是它为每种声音存在的必要性提供了一个合乎逻辑的理由。哈佛商学院的艾米·埃德蒙森（Amy Edmondson）告诉我们："作为领导者，如果我们有一张完美的蓝图或一个水晶球，就不需要听取员工的意见了。"正是不确定性的存在赋予员工在质疑下表达意见的权利，几乎每个人都需要发表意见。所以，只要你承认未来存在不确定性，那么不确定性也能带来心理安全感。"

卡玛拉扎告诉我们，沟通是这一过程的关键。"在我们的团队中，我们会倾听、会解释。有时我们能将员工的建议纳入我们的战略，有时则不能。有些决定是我们喜欢的，有些我们作为领导团队可能无法同意，但我们必须解释理由，并真诚地倾听反馈。"

通过这种方式，无论局势好坏，我们都是作为一个团队，共同面对不确定性。

克服不确定性

- 不确定性会引发人们的各种反应,通常会对绩效产生负面影响。对如今的员工来说,最常见的不确定因素是工作能否持久存在。
- 当领导与员工没有充分沟通企业面临的挑战及其对员工和团队的影响时,不确定性就会加剧。
- 大量员工的不确定性源于他们的绩效和发展方面,即,我做得怎么样?我在这里有未来吗?领导者通过一对一定期会议来评估绩效和成长机会,可以帮助团队成员避免误判局势,同时增强员工的参与度和敬业度。
- 领导者可以使用一套方法来帮助减少不确定性:

(1)不知道所有的答案也没关系;

(2)在困难时期放松控制;

(3)确保每个人都确切地知道工作期望;

(4)让员工专注于可控因素;

(5)崇尚行动;

(6)提供建设性反馈。

第 3 章

如何变少为多——焦虑与工作量

帮助团队成员应对工作超负荷

你无法平息风暴,所以别再努力了。你能做的是让自己平静下来,风暴会过去的。

——廷贝尔·浩克耶(Timber Hawkeye)

美国新兵要成为世界上最精锐的特种部队——海豹突击队的一员,必须先度过"地狱周"。地狱周是基础训练的第4周,连续训练5天5夜,总共睡4小时。

布兰登·韦伯(Brandon Webb)通过了挑战。很多人认为,要想成为那10%~15%的毕业生,体能是关键,但韦伯说:"海豹突击队的训练真正考验的是心理素质。它的目的是将你的精神一次次推向崩溃的边缘,直到你变得无坚不摧,能够自信地接受任何任务,抓住渺茫机会,战斗到最后一刻。"

《拐点》(Seeing Around Corners)一书的作者、哥伦比亚大学商学院教授丽塔·麦格拉思(Rita McGrath)表示,在那些试图通过海豹突击队训练的人身上,研究人员发现了两种典型:第一种被称为"任务者",他们努力在这折磨人的一周里完成分配给他们的每一项任务,然后在能休息的时候尽量休息；另一组被称为"优化者"，他们想着把所有的任务都排好顺序，并考虑应该在每个任务上投入多少时间和精力。

其中一组比另一组做得好。猜一猜，哪组人出局的频率高：任务者还是优化者？

麦格拉思告诉我们："出局的人中优化者占绝大多数。他们关注大局、也不休息，总是想着下一件要做的事。任务者成功的秘诀是大事化小，即任务，休息，任务，休息。"

俗话说，一口吃不成胖子，我们必须把事情分解成容易处理的"小块"。运动员也会采用这种分块策略。"你会看到很多超级马拉松运动员和铁人三项运动员这样做，他们专注于下一个直接目标——地平线上的下一个点，阻止自己将思想转移到整个比赛上。"查尔斯·朱（Charles Chu）在他的简报《开环》（*Open Circle*）中写道。

领导们请注意：我们的许多员工都因为要完成大量工作而感到不堪重负，这导致了前所未有的压力和焦虑。任何领导都可以首先尝试帮助团队成员将他们的工作分解成小块。当然，这只是帮助减轻精神负担的众多方法之一。在本章中，我们将探讨这些策略以及这些策略的最佳实现方法，以降低团队成员的焦虑水平，培养韧性。但首先，关于工作超负荷有一些广泛的误解，我们必须加以说明。

他们就是跟不上进度（以及其他常见的误解）

关于工作超负荷最常见的误解是：许多领导认为这是个人的失败，"哦，他就是跟不上进度"。全球人力资源公司罗致恒富（Robert Half）2019 年的研究表明，仅美国就有 91% 的员工在接受调查时表示自己有一定程度的倦怠（指工作造成的身心疲惫）。这表明，问题更多源于宏观因素，而不是微观因素。一些领导认为，这个问题的核心是缺乏韧性。然而，那些最具韧性的员工经历职业倦怠的比例最高。以医护人员为例，沃顿商学院的亚当·格兰特（Adam Grant）在《纽约时报》上发表的报告指出："一半以上的医生和三分之一的护士经常感到倦怠。"这是在新冠疫情之前的情况。他们在疫情期间对工作的奉献精神我们有目共睹、令人钦佩，他们在地狱般的条件下长时间奋战，是地球上韧性最强的一批人。

名闻遐迩的克利夫兰诊所的首席体验官、医学博士艾德丽安·布瓦西（Adrienne Boissy）有力地佐证了这一点。"我在大学时做过三份工作，完成了 4 年的住院医师实习，还做了两年研究员。我取得了生物伦理学的硕士学位，成为一名专职神经学家。在这段时间里，我搬了好几次家，结束了很多关系，错过了朋友和家人生活中的重要时刻，原因都是我在工作。"她总结道，"韧性，即能够从困难中恢复过来或振作起来的意念,是成为一名临床医生的必备条件。这条道路本身选择了那些能够驾驭并容忍其中挑战的人。"

让布瓦西感到困惑的是,为什么企业采取的帮助员工应对繁重工作的方法大多数都以"调整"员工状态为目的?比如开展冥想和瑜伽课程,或给出良好睡眠、健康饮食和有序工作的建议。虽然这些都是减少压力、缓解焦虑的有效方法,但都忽略了一个核心问题:组织雇用的员工太少,与工作量不匹配,将压力提高到不健康的程度。结果导致员工根本不可能跟上进度。

只关注个体实际上是在转移矛盾,现实的问题清楚地摆在我们眼前:工作量分配、员工管理、工作方式等问题没有得到解决;企业也没能采用切实有效的方法,确定需要多少员工参与完成工作。

压力是一种工具

另一个我们经常听到的误解是工作超负荷对生产力有益。在短期内,为了应对危急情况,这可能是正确的。人体对压力的反应就像燃烧燃料、释放能量,可以让我们火速应对眼前的威胁。如果危急时刻已经成为常态,团队成员因此也会承受过大的压力。研究表明，长期压力会导致我们的身体日久耗损，增加焦虑风险，增加罹患与年龄有关的疾病（癌症、糖尿病和痴呆症等）的风险。

请看我们的一位高管培训客户的经历：他姓全（Quan），是一家科技公司的中层管理人员。在我们的第一次会议上，他抱怨自己的处境："为了更新我们的SAP系统，我的团队每天工作16小时，以超越之前任何团队的速度飞快完成升级，并为此深感自豪。"然而问题出现了。在领导们看到全的团队实现了这个不可思议的加急进度后，新标准诞生了。"现在，"他说，"公司希望下一次升级能缩短10%的时间，这根本不可能。我犯了一个错误，在上一次升级中让团队推进得太猛。"

领导者往往没有意识到，时间越来越少，工作越来越多，这样的要求将不可避免地导致员工沮丧、不信任、更加愤怒、最终筋疲力尽，这样的员工不计其数。然而，领导经常告诉我们，他们没有时间帮助超负荷的员工，因为他们自己也处在水深火热之中。"他们必须学会振作起来"是我们经常听到的口头禅。但是，如果领导意识不到超负荷工作对团队成员造成的影响，情况可能会更糟，超负荷的工作正在侵蚀团队绩效，而领导却视而不见。实际上，仅仅提供放松方法之类的缓和措施（可能暂时有用）可能会让员工更加焦虑、生气。

工作超负荷的后果是使公司损失大量的工作时间、营业额下降，医疗费用增多。一项盖洛普民意调查显示，工作倦怠的员工请病假的概率比一般员工高63%，离职的概率是一般员工的2.6倍。与此同时，根据贝恩咨询公司的数据，仅在美国，倦怠员工的心理和身体问题每年就导致高达1900亿美元的医疗支出。因此，在员工倦怠或跳槽之前帮助他们解决问题可以极大地提高工作效率。

伪　装

我们要提到的最后一个误解是，一些领导告诉我们，他们的员工不愿意承认自己即将倦怠。员工试图掩盖他们日益增长的焦虑，那领导如何得知是否存在员工超负荷问题？其实这就是工作中的鸭子综合征，但正因如此，领导就更需要主动解决问题。任由工作超负荷升级为焦虑和倦怠会对整个工作团队产生负面的反弹效应。哈佛大学心理学家哈里·莱文森（Harry Levinson）列出了工作倦怠的症状：长期疲劳并责备自己的隐忍，对那些给自己施加重担的人感到愤怒，愤世嫉俗、消极、易怒，有被围攻的感觉。这些症状全都不利于培养团队精神。即使只有一个员工有这种感觉，当他抱怨"你绝不会相信他们现在想让我做什么"的时候，也会打击整个团队的士气。

可悲的是，有太多的公司在不切实际的期限内分配给员工不切实际的工作。一些经理经常告诉我们，他们对此也无能为力，目标也不是他们设定的。然而，我们发现，把团队的工作分配控制在实际可控的范围往往是可以做到的。有时，只要经理以令人信服的理由与高层领导谈判就可以；如果谈判未果，尝试聘请更多员工或与短期外包公司合作也能如愿；或者，减少工作的烦琐程序也不失为一种方法。

我们看到，烦琐程序是医护人员工作超负荷的一个主要原因。如果你想听他们骂人，那就问问他们每年浪费了多少时间事无巨细地填写病人的电子健康记录，在更新医疗执照、医院资源使用、开药权限等方面填写了多少表格。即使在新冠疫情之前，这个行业的职业倦怠率也很高。我们发现，医疗机构帮助员工控制倦怠的最好方法就是从原因入手，减少数字需求。

通常，每位领导都可以做一些事情来减少烦琐程序，使团队成员充分获得授权。例如，经过公司批准进行正式的改善活动（Kaizen Event），使团队流程得到简化；或者，将必要的文书工作分配给喜欢做这些事的人（这意味着有必要了解员工的动力所在）。

虽然领导者的首要任务是尽一切可能使工作量符合员工的现实期望，但我们知道，在许多情况下，我们难以对工作量做出实质性的改变。如果目前你认为改变公司的工作量行不通，那么，我们提供以下这套方法来帮助你的员工更好地应对工作量期望。

方法一：创建清晰的路线图

为团队中的每个人确定明确的、可实现的目标，有助于减少超负荷工作带来的焦虑。但这个方法不是单纯自上而下地分配任务，领导要听取员工的反馈，合力推进工作。

很少有企业为员工提供"良好路线图"，所谓"良好的路线图"是指对一定时间框架（周/月/年）内需要完成的工作进行明确说明的、能够反复参照的路线图。然而，在采访Keurig Dr Pepper公司首席人力资源官玛丽·贝斯·德纳耶（Mary Beth DeNooyer）时，她说，公司的2万名员工每天都按照个性化时间框架进行工作，这有助于明确任务及减少焦虑。除了具体的个人工作目标和路线图上的目标，"还包括我们的愿景，即宏观上我们正在努力实现的目标，"她说，"我们还写明了公司价值观，指出我们的团队如何共同工作；写明了员工的能力，指出个人成功的途径。"

德纳耶表示，这些时间框架是员工可以参照的"锚"，帮助员工区分优先级，防止因相关问题产生挫败感。"员工们把时间框架挂在公告板上，或作为手机屏保，"她补充说，"就算整个世界都成为一片火海，他们也可以悠然自得地说:'好吧,这个新东西符合时间框架吗?'如果不符合,他们可能就不需要去做。"

创建路线图时,让整个团队成员加入团队目标开发作用巨大,主要有几个原因:首先,团队成员比老板更清楚完成具体任务需要多少时间,也知道完成这些任务的过程中可能会遇到哪些障碍,领导真正听取这些意见,有助于减少前进过程中的不必要的压力;其次,通过透明化团队运作,每个人都可以理解整个团队的最关键优先事项并与其保持一致;最后,研究表明,让团队成员对集体目标有更大的控制感有利于提高他们的敬业度和生产力。关于最后一点,人们早有研究。例如,1939年,库尔特·勒温(Kurt Lewin)在美国弗吉尼亚州的哈伍德睡衣工厂进行了一项研究,我们认为这项研究第一次证明了群体期望能够加强成就感。该工厂的几组工人得到机会设定自己的目标,参与者每周开会30分钟,谈论他们面临的挑战,并集体讨论他们是已经准备好提高生产率,还是希望生产率保持不变。

周会表明,工人们用不同的方法来完成同一条生产线上的相同任务,不仅可以帮助改进流程,实现标准化,还提高了生产率。在每次会议结束时,小组投票决定是否提高日产量、提高到什么水平以及在多长时间内提高。结果,他们最终投票决定在5天内将产量从每小时75件提高到每小时87件。几周后,他们同意再次提高产量。在接下来的5个月里，该小组保持产量增长，取得了远超以往的业绩。勒温认为，这种民主决策方式是提高生产率的关键。确实，随后测试的几个小组（没有民主投票，由经理设定目标）的生产率增长量远不及此。

我们发现协作设定目标还可以塑造团队精神。美国西北大学领导力中心主任亚当·古德曼（Adam Goodman）这样写道："共同决定为某件事出力会形成牢固的纽带，并促进合作。"与员工进行开放的、相互的讨论有助于营造一种共享愿景的感觉，正如勒温观察到的那样，根据我们的研究，如果员工可以轻而易举地看到他们的工作与团队或组织的更远大使命和愿景之间的联系，就会觉得自己的工作至关重要、成就影响深远，也就不太可能会倦怠了。

方法二：平衡工作量

这也是前文描述的协作路线图流程的一部分，确保在团队成员之间适当地平衡工作量，避免部分成员不堪重负，实属重要之举。我们访问过许多团队，发现一些不堪重负的"老黄牛"每周工作 70 小时，而其他员工却逍遥自在，每天 5 点就下班回家。

领导如何确保团队中的每个人都有适当的工作量？

德纳耶补充说，她定期监督团队的工作量，尽力营造一种让团队成员在高峰期互相帮助的环境，确保没有人总是超负荷工作。"我每周都和团队成员碰头，如果发现事情太多，我会说：'好吧，工作清单写着什么？哪些工作是必须做的？哪些工作可以分给别人？哪些工作可以等一等？'"通过这种平衡方式，她能有条不紊地为下周设定优先事项，清楚地了解必须做出哪些取舍、哪些项目可以推迟、哪些项目可能需要其他人加入。

说到这里，我们知道，一些焦虑的员工心里总想给人留下深刻印象，就愿意承担越来越多的工作，领导们可能会过度依赖这些人，因为他们太愿意做事了。这些人最终会承担比例失衡的繁重工作，直到不堪重负。然而，把工作时间和生产率混为一谈是很危险的，因为这会在团队中制造更多的焦虑。工作时间和工作结果不能画等号，有些员工在一个普通的工作日里可以完成极大的工作量，然后5点就下班，这并没有错。

3COze公司联合创始人利亚纳·戴维（Liane Davey）说："要确保员工明白，你不会把工作时间和工作效率画等号。"她表示，最好的办法是公开表扬出色的绩效，而不是工作时间。"如果荷西上周业绩很好，即使他每天4点半下班，也要在公共论坛上为他庆祝。如果有人抱怨（他的工作时间），或者你听到了流言蜚语，那就赶紧从源头制止。你可以说，'我鼓励你关注人们完成了什么工作、做出了什么贡献，而不是单纯看工作时间'。"

为团队成员重新调度工作和分配任务需要付出时间和精力,通常每个领导每周需要耗费几小时,包括缜密地思考谁在超负荷工作、谁有动力以及有哪些动力、谁需要发展机会、当下的优先事项是什么。实现平衡绝非易事,绝无完美,有的时候不可避免地会有少数人做着太多工作,关键在于确保没有人永远超负荷工作。领导的这种努力可以极大地减轻每个人的压力程度。

布莱特集团首席执行官凯尔·阿特加(Kyle Arteaga)举了一个例子,他初入职场时,在路透社领导着一个团队,管理着一个名叫贾尼斯(Janice)的明星职员。阿特加想把一项引人注目而又有趣的任务交给贾尼斯。不过,在此之前他与贾尼斯进行了一次坦诚的一对一谈话,了解她目前的工作情况,看看她是否能处理好这个新项目。"我还鼓励她与客户以及团队成员谈谈,确定这项额外的工作是否符合她的日程安排。"

贾尼斯能够承担这项额外的工作,但阿特加帮助她对以后的其他任务进行战略规划,以免把她逼得筋疲力尽。"有时候,她会故意让自己坐冷板凳,以便等待即将来临的更好的机会,"他说,"而我会帮助她评估机会。"

让团队成员参与工作量平衡调节,使之成为团队合作的一部分,这会让上述过程变得容易一些,但也可能很棘手。如果你随机询问一组员工,大多数人会告诉你他们有自己的事要做，而且后续的工作还远远不止这些。通常，愿意接受额外任务的都是"贾尼斯"们，即那些已经多做了不少工作的人。另外，很少有员工愿意把工作丢给其他同事给他们添麻烦。

然而，我们发现，如果每个人都参与定期举行的工作量平衡讨论会，团队可以非常有效地一起工作。在会议期间，领导应该承担协调人的角色（指导讨论并确保每个人都参与讨论），或应指派一个能有效主持会议的人担任这个角色。领导至少要尽可能地了解所有的事实和数据，这样才能有助于决断，使工作量划分更公平（例如，托德接了两个新项目，让我们给别人一个机会；或者，莎拉你刚刚结束了你的 IT 任务，现在有空吗？）。会议的另一个关键成员是"承诺追踪者"，他会列表记下谁同意做什么以及项目的截止时间。

我们在与一家生物技术公司合作时发现了一个很好的团队工作量平衡的例子。在一次工厂危机中，质量小组的领导召开了一次会议，会议主题是"一种无菌产品中发现了污染物"。在会议期间，一位高级工作人员提到，他们可以在不违反美国食品药品监督管理局（FDA）要求的前提下，最多将偏差报告推迟 30 天。偏差报告用于记录正常操作程序的例外情况，通常该团队会在几天内完成这些报告，这是他们引以为豪的事。事情就这么决定了，于是，该团队能够在接下来的几周中将查找污染源作为优先事项。

质量小组度过了危机，并且发现，每周继续召开工作量平衡会议对他们很有帮助，还精简了几个重要流程。他们发现，有些工作已经做了很多年了，但其实完全可以省略掉——例如，监管机构完全不需要报告，曾经按月进行的内部审计可以按季度进行。若让团队成员单独工作，他们很可能永远也不会提出这些解决方案，压力还会越来越大，目标可能无法达成。通过团队会议，每个人的状况都得到了改善。

方法三：轮岗

基于员工的业务性质，如果有可能的话，领导者应该考虑按照时间表让员工在高负荷、高压力的工作和低压力的工作之间轮岗，以避免过度焦虑。哈佛大学的哈里·莱文森建议说："节奏的变化、需求的变化以及转换到不那么令人疲惫的环境中，能让人们重振精神，对自己和自己扮演的角色产生新的、更准确的看法。"改变还能让人们对脱离艰难任务的那一时刻充满期待。

一项针对美国护士的研究发现，轮岗有助于减少倦怠，还会激励工作人员提高绩效，使他们获得新的知识和技能。最重要的是对医院来说，病人的护理质量得以改善。

The Slumber Yard 在线床垫评估公司的共同所有人马修·罗斯（Matthew Ross）就是这种轮岗做法的践行

者，他的目标是提高轮岗员工满意度、减少离职率并让所有员工获得有价值的新技能。员工每季度都会平行转岗，他发现，培训员工熟悉多个领域的工作，这样，在需要替班的时候，员工压力也不会太大。

经过深思熟虑以及适当培训，轮岗还可以帮助员工走出舒适区，了解通常不会进入的工作领域。同时，这也是考虑员工核心动力的机会，以便发现能给员工带来更大满足感的工作。

我们在自己的团队中进行了一次轮岗练习，最终变更了记账职责，一位热爱细致工作的团队成员从老板阿德里安手中愉快地接过了这项工作，很快，她就比阿德里安做得更好了。她很感激这项工作，因为她从中得到了学习、成长和展示分析能力的机会。

方法四：密切监控进度

建立韧性的下一个重要步骤是经常查核自己的团队，了解团队表现如何、团队中的个人表现如何。自由放任的管理方法（把年度绩效评估作为唯一的查核手段）很少奏效，但微观管理也同样很少奏效，员工感觉自己好像被奥威尔式的"老大"（不是CBS真人秀）监视着。折中最佳，如果处理得当，员工会非常欣赏这样的行为。

查核进度不是要领导舞权弄势，而是让员工及时分享不断升级的挑战，这样就可以共同努力找到解决办法。摩根大通首席执行官杰米·戴蒙（Jamie Dimon）告诉他的团队："如果出现问题，你告诉我，那是我们的问题；如果你不告诉我，那就是你的问题。"值得重申的是，有时，当员工遇到问题，他需要的只是一个有同情心的倾听者，其他时候则需要建议和干预。

另一位非常成功的高管也在与团队分享面临的挑战方面给出了类似的建议。奥美公司名誉主席谢莉·拉扎勒斯（Shelly Lazarus）曾告诉我们，领导应该告诉团队成员："如果你们达不到目标，请告诉我，宁可早说，不要晚说。"她反映说，在很多公司，"我们召开每月例会时，人们不会坦率地承认'我完不成这个任务'。原因是他们认为自己会受到惩罚。与其在这时候惩罚他们，不如在别人面前表扬他们，感谢他们的诚实，感谢他们给我们时间在年底前做出调整"。她总结道，奖励那些寻求帮助的人至关重要，这能"让他们知道这是一种优秀的行为"。

团队查核可以在定期的员工例会上进行，也可以在专门的更新信息会议上进行，主要是通过问一些问题来确保所有员工在时间进度上保持一致。例如：在实现团队目标的过程中，我们面临着哪些新的障碍？如果事情继续发展下去，哪些成果无法按时交付？我们从客户那里听到了什么消息？团队中谁在等、等哪些可交付的成果？谁需要帮助？

至于个人查核，如果领导定期、私下询问员工的工作量，焦虑就会减轻。让我们正视这个问题：有些人在团队中永远无法自在地谈论超负荷的感受。需要特别注意的是，由于各种原因，新员工和年轻员工往往更不愿意开口寻求帮助。他们害怕成为负担，他们希望看起来有能力，对很多人来说，他们习惯于独立完成所有的工作（就像完成大学课程一样）。他们对业务流程的许多方面都不熟悉，可能会感到气馁或沮丧。

重要的是，请告诉员工，你认为寻求帮助是优点，而非缺点。还要让每个员工知道，你会与每一位团队成员单独召开会议，询问每个人如何管理自己的工作量，这样员工就不会感觉自己被孤立。在询问的时候，一定要传达这样的信息：你这样做是为了尽可能地解决问题。然后，要监控进度，这很重要。

我们发现了一些很好的询问方式，在个人查核中采用这类话术可以减轻焦虑，包括：

- 你能利用正常工作时间按计划完成这个项目吗？
- 还有其他的团队成员可以帮你完成任务吗？
- 这个项目哪些部分可能会被推迟？
- 你是否需要额外的培训或资源来辅助完成工作？

- 你从中学到了什么？我们下次面对这样的任务时是不是可以采取不同的做法？

当然，工作中随时会出状况，这就需要紧急一对一谈话。正因如此，我们见到的最好的领导会尽可能地坚持"门户开放政策"，确保员工知道领导确实欢迎他们走进门来讨论事情或提出问题。有时候，领导不得不限制访问，这很正常，而我们在调查中听到许多员工这样抱怨，大意是"我的老板早上9点来，傍晚6点走，但我不知道他整天在做什么。我见不到他，需要帮助的时候，他也不在我身边"。门户开放意味着尽可能地限制会议，并向团队宣布每天的"办公时间"。请记住，根据盖洛普公司的一份报告，对于一位愿意倾听员工工作问题的领导，下属出现工作倦怠的概率会降低62%。

方法五：帮助员工确定优先次序

我们发现，员工大多只能靠自己来确定工作的优先次序，这可能会成为焦虑的加速器。因此，即使与领导或同事进行简短的讨论，也会给他们带来巨大的帮助。

一开始，这可以是领导和新员工的每日例行工作，不是过分控制，而是在员工安顿下来时提供帮助和指导。领导们每天早上可以问："你今天做什么工作？好，现在让我们按照团队的优先级来安排这些工作。"我们建议使用清晰的标准对待办工作进行分级，比如至关重要、重要、适中、不那么重要，再将每个项目与业务需求联系起来。然后，领导和员工可以讨论哪些工作可以留到明天。通过这种方式，经验不足的员工可以学会每天啃一块"硬骨头"，同时对自己的工作也会感觉良好。

随着员工经验增加，领导可以把这种优先级规划工作改为每周一次，甚至每月一次。还可以借助项目管理软件，确保每个人都能看到目标和时间表。

哥伦比亚商学院的丽塔·麦格拉思博士这样比喻优先规划工作："你的一天是一辆卡车，每小时都是卡车上的一个盒子。当有人给你分派任务时，你得清楚地告诉他们，必须从卡车上卸下一个盒子才能装入新盒子。凡事都有后果，面对工作超负荷，是因为我们并不擅长向彼此阐明我们的优先事项以及我们正在做什么。"

工作超负荷尤其会加剧弱势群体、少数族裔以及年轻员工的焦虑。"表示'我真的压力太大了，这会让我崩溃'就像一件不忠的事，"麦格拉思说，"领导要能接受员工说这样的话，这很重要。领导者要记住，他们的职位越高，他们的建议就越像命令。"

麦格拉思回忆起在沃顿商学院攻读博士学位时的情景，她当时忙得不可开交——要运营一个研究中心，要管理本科生，要完成自己的学业，要抚养两个不到 4 岁的孩子，还要每天上下班各花一小时通勤。"有一天工作时，研究中心的负责人把我介绍给一位来自新加坡的访问学者，想让我接待这位教授一天。我请负责人到隔壁房间里谈话，我告诉他，如果他认为这样做能更好地利用我的时间，我就照做。但是，我还告诉他这样做会耽搁哪些工作，他的眼睛睁得大大的，承认自己不知道这些情况。"

麦格拉思有勇气对领导直言不讳，并就优先事项进行了公开对话，因为他们的关系中存在着信任。

方法六：避免分心

美国联邦航空管理局研究员约书亚·鲁宾斯坦（Joshua Rubinstein）博士、密歇根大学杰弗里·埃文斯（Jeffrey Evans）博士以及大卫·迈耶（David Meyer）博士进行了一系列实验，实验要求受试者在不同任务之间进行切换，比如解决各种数学问题。毫无疑问，来回切换就是浪费时间。随着任务变得越来越复杂，受试者试图恢复到原来的工作速度，却浪费了更多的时间。结果是，多任务者完成任务的速度明显慢于对照组（对照组是先完成一项任务，再继续进行下一项任务）。发表在《实验心理学杂志》上的这项研究表明，当受试者反复切换任务时，工作效率会下降 40%。

伦敦大学的一项研究表明，因接收到邮件和电话而分心的员工的智商平均分会下降10分。可惜，在1100名受调查者中，超过一半的人表示他们会立即或尽快回复电子邮件，21%的人承认他们会中断现场会议去回复短信或其他电子邮件。首席研究员格伦·威尔逊（Glenn Wilson）博士说，如果不对这种"资讯癖"加以干预，员工的头脑灵敏度就会降低，"那些经常中断工作去回复电子邮件或短信的人所受到的精神摧残类似于彻夜失眠"。

我们注意到高效能人士身上有一个特点，即拥有极强的专注力，不易分心。在《林肯传》(*Abraham Lincoln*)中，卡尔·桑德伯格（Carl Sandburg）分享了林肯青年时期的一个故事：有人注意到这位即将上任的总统坐在一根圆木上，陷入沉思，纠结于一个令人烦恼的问题。几小时过去了，林肯还坐在同一个地方。最后，他眼前一亮，回到了律师事务所。林肯可以长时间坐下来思考一个问题，直到解开问题的奥秘。如今，我们发现鼓励员工独处能让他们更好地应对挑战，哪怕只有几分钟，散散步或听听音乐，都有助于员工更高效、更冷静地完成工作。

我们在福禄克工业集团的区域销售经理金·科克伦（Kim Cochran）身上看到了领导帮助员工减少分心的典范，科克伦是这家电子测试工具和软件制造商的销售主管，管理着美国9个州的销售工作，她上任时，公司正在大量流失有价值的技术销售人员。3年后，当我们采访她时，没有任何员工离职。

她说,能够成功的主要原因是消除了团队成员的杂念,让他们专心致志地做他们喜欢的事——达成交易和支持客户。她的下属都是远程工作,每天出差,因此她的目标是让他们感到被接纳、被倾听,但不会被信息淹没。因此,她整理了来自公司的所有电子邮件,按照紧急程度从低到高进行了分类:

- 第一梯级:她可以为直接下属处理的事情,不必打扰他们。唰!完毕。
- 第二梯级:重要信息,这些信息需要她的员工关注,但不会增加或打断他们的销售工作,包括福利登记的截止日期、销售预测的截止日期,等等。她将这些信息精简后,写成简短的电子邮件发出去(根据员工需要还会附上更多信息的链接)。她的员工知道她会筛选信息,所以科克伦发来的邮件是重要邮件。
- 第三梯级:被她划入"热门话题"类别的信息,这些信息需要她的员工严肃对待,可能是他们的工作流程、组织结构、薪酬计划、价格等方面的变化。她每周将这些问题编写在一个滚动日程表中,在一周一次的开放式电话会议上逐一向整个团队提出来,同时回答问题,并承诺把大家关心的问题反馈给高层领导。

- 最高梯级：被归类为"紧急"的信息，即那些一天都不能耽搁的"911信息"。在这种情况下，科克伦会在一天结束时安排一个电话会议，那时大多数下属都有时间。但她很少这样做，只在真正紧急的情况下才这样做。

当然，科克伦的策略并不是减少干扰的唯一方法。我们合作过的一些经理开发了多种工单系统来管理工作流程；还有一些经理鼓励他们的团队成员在联系新工作时与客户一起清晰地回顾已经开展的工作，这有助于建立合乎实际的期望，避免超负荷工作。

方法七：鼓励休息与放松

领导力研究人员强调了高质量的工间休息对员工的重要性。"人们需要抽出时间充电。他们不仅需要拥有不工作的时间，而且需要拥有不去想工作的时间。"美国心理协会职场心理健康项目负责人大卫·巴拉德（David Ballard）博士说。

Simplus首席执行官瑞安·韦斯特伍德告诉我们，领导者必须更加慎重地考虑向团队成员发送信息的时机。"在一个星期天的早上，我收到了老板发来的一封电子邮件。本来我的计划是和家人一起轻松地度过一天，做一些与工作无关的事情。可这封邮件让我感到焦虑，毁了我一整天的心情。"

"大多数员工都会关心领导在意的事情，即使领导没想过要他们回应，他们也会一直惦记。把电子邮件定时为周一早上 8 点送达可以大大减轻焦虑，我们需要给员工时间做一些与工作无关的事情，让他们为工作日做好准备。"

领导还应该以身作则，鼓励员工利用假期等时间放松自己，然后讲讲他们在工作之余做了些什么。这样，员工就能意识到，在工作时间也可以进行休息和放松。超过 70% 的员工表示，如果他们在一天中短暂休息一下、锻炼一下、社交一下，或者只是呼吸一下新鲜空气，工作效率就会提高。

在这个运转不息的世界里，我们许多人以办公室为家，对于领导来说，帮助员工尽可能多地休息和停歇非常重要。

* * *

2020 年，随着新冠疫情日益严重，全世界共同发出一声积极的呐喊："我们同舟共济！"在帮助员工应对超负荷工作方面，这是一段值得重申的文字。采取我们在本章中概述的方法步骤，你就能确保员工知道，"我们同舟共济"这句话发自你的肺腑，进而他们也会相互扶持，负重前行。

我们看到过这样同舟共济的团队，他们不仅工作效率高，而且是经理领导的最具个人价值的团队。

帮助应对工作超负荷

- 领导者往往意识不到,不断要求在越来越少的时间内完成越来越多的工作会使员工感到沮丧,愤怒程度上升,最终导致焦虑和倦怠。
- 领导可能认为,员工不堪重负是一种个人的失败,但超过90%的员工都产生过倦怠,说明这个问题往往是企业造成的。
- 为了帮助员工应对繁重工作,企业采取的大多数方法都以调整个人状态为目的,却不关注工作量分配和员工管理方式等潜在问题。
- 当员工因超负荷工作而感到焦虑时,领导首先可以帮助他们将工作分解成最优组块。
- 其他帮助团队成员更好地应对工作量期望和减轻焦虑的方法包括:

(1)创建清晰的路线图;

(2)平衡工作量;

(3)轮岗;

(4)密切监控进度;

(5)帮助员工确定优先次序;

(6)避免分心;

(7)鼓励休息与放松。

第 4 章

扫清前进的道路——焦虑与个人发展

帮助团队成员规划前途

> 领导的作用在于让他人因为你的存在变得更好,而当你不在的时候,你的影响力还能一直持续。
>
> ——谢莉尔·桑德伯格(Facebook 首席运营官)

社交媒体是网络生活的一个领域，人们针对社交媒体及其与焦虑的关系做了大量研究。研究发现，人们不断窥视他人的网上活动，往往会开始对自己的生活感到不安：我有没有做过那么多有趣的事？我有没有去过那么多好玩的地方？我有没有比别人做得好？对于人类来说，没有什么事情比攀比更让人心中不快。

在工作方面，我们也看到了类似的"社交控"（FOMO）担忧。员工（尤其是年轻员工）可能会担心，如果一直待在同一个岗位上，也许会错过一些更有趣、更稳定、更赚钱的东西。我们认为，"数字原住民"一代的兴起所带来的影响在某种程度上解释了我们从领导那里听到的一个问题：年轻员工更容易对工作产生焦虑感。

在网络世界中，成功的公式已经显而易见——发帖，获赞，涨粉，如此反复。这是一个快速有效的公式，相比之下，很多领导反映，年轻人往往觉得企业界的步履慢得令人痛苦、令人沮丧。他们渴望升职，渴望信任，渴望承担重任，渴望加薪，但他们不想付出应有的努力。

通常情况下，年轻员工对升职或跳槽更显焦虑，研究证实了这一点。在婴儿潮一代员工中，为同一个雇主工作20年以上的达40%，工作30年以上的占五分之一，他们对晋升的时间安排感到比较满意。但在2018年的调查中，78%的Z世代和43%的千禧一代计划在两年内离开所在公司去"另谋高就"。然而，领导必须明白，员工之所以跳槽，不仅是因为害怕错失机会或渴望升职，还因为工资停滞。入门级薪资不足以让年轻人开创生活，城市地区尤其如此。根据布鲁金斯学会的数据，2019年，44%的劳动者被定性为"低收入者"。他们的时薪中位数为10.22美元，年收入约为1.8万美元。

布鲁金斯学会表示，简而言之，就是"可供选择的好工作不够多"，年轻人很清楚这一点。

事实上，我们大多数人都以是否达到人生里程碑来衡量自己，包括：高中毕业、上大学、实习、找到一份体面的工作、结婚、买房、生孩子等等。社会倾向于将这些里程碑视为让人"安定下来"的大事。然而，对于正在成长的一代来说，抵达这些里程碑的途径已经发生了变化。现在，成为有房一族的平均年龄远远超过30岁，再加上膨胀的学生贷款、更低的工资、更少的高薪机会,许多"正常成人生活"的组成部分都变得遥不可及了。我们现在看到的不是中年危机,而是所谓的"青年危机",即 20 多岁的年轻人对自己的生活质量和方向茫然无措。

一位年轻的员工对我们说出了这一代人的心声:"我们不再认为公司会把我们的最大利益放在心上,我们明白股东的利益才是王,我们可以被更廉价的劳动力取代。"正因如此,万宝盛华集团 2018 年的一项研究显示,87% 的千禧一代将就业保障列为头等大事(疫情暴发后,这一点更为重要)。

这一切或许还能解释,为什么如此多的年轻员工关心是否能在工作中获得新技能。盖洛普公司对千禧一代进行的一项民意调查发现,87% 的千禧一代"高度重视"成长和发展机会,这一数字比 X 世代和婴儿潮一代高出近 20%。可悲的是,同一份民意调查发现,只有 39% 的年轻员工认为他们"在过去一个月里从工作中学到了一些新东西"。帮助员工发展新技能对开明的领导来说可能是留住和调动员工的极好机会。德勤公司的研究发现,能够有效满足员工学习欲望的企业成为行业市场"领头人"的概率至少提高 30%。

职业焦虑现象可能看上去是一个巨大的社会转变,领导们可能对此无法完全掌控,但事实上,他们可以做很多事情。我们同意《福布斯》杂志的 J. 莫林·亨德森(J.

Maureen Henderson)的看法,他告诫企业领导者,不要简单地屈从于千禧一代"人员变动大、员工任期短,而是要(专注于)留住现有员工"。事实上,我们已经发现,当领导者定期为年轻员工提供学习和提升的机会,设法保证他们在公司的前途时,许多有价值的员工更愿意留下来。

如果领导者希望留住最优秀的年轻员工并减少员工不必要的职业焦虑,那么,排除关于就业保障、成长和提升的顾虑至关重要,同时也有助于领导者及其公司在竞争激烈的就业市场中脱颖而出。根据企业执行委员会的研究,只有十分之一的企业拥有符合标准定义的学习文化:这样的工作场所支持企业和个人追求知识,让知识推动公司发展进步(更不用说让员工获得更多技能以及提升自我价值)。

我们理解,对于一个忙碌的领导来说(有不忙的领导吗?),要密切关注每个人的职业发展似乎有点儿强人所难,不过,这不一定会成为一种负担。按照我们在本文列出的方法操作,不仅可以缓解员工对前途的焦虑,还可以缓解领导因为员工的担忧和要求而产生的紧张感。

方法一:搭建更多成长台阶

超过 75% 的 Z 世代员工表示,他们认为自己应该在工作的第一年内得到晋升。如果可行的话,缓解员工晋升焦虑的一个非常有效的方法是在晋升通道上搭建更多的"台阶"。

有一个在线求职网站通过这个方法获得了显著效果，这个网站的名字取得恰如其分，就叫"梯子"（Ladders），其创始人兼首席执行官马克·塞内德尔（Marc Cenedella）在谈到手下精通技术的年轻员工时表示："他们刚来公司时，因晋升、工资和职责的事着急担忧，所要求的工作远远超出了他们的能力和经验所能胜任的范围。"

当时，"梯子"网站有一个方案，可以让新员工在两年内晋升为高级助理。"按照我们 X 世代的想法，这比婴儿潮一代给我们的晋升方案要公平得多。"塞内德尔说。但新来的年轻员工认为这个时间太久了，不会给他们的简历添彩。

塞内德尔承认，最初他试图调教年轻员工以他的方式看待问题，但最终意识到调整自己的观点会得到更好的结果。他将方案改为在两年时间里提供 6 级晋升，每一级都有业绩标准，也会升级头衔和加薪。"我们在这段时间里保持了相同的绩效标准、相同的最终薪资率以及相同的专业技能进步。"他说，"结果说明，更频繁的职业反馈、更好的发展机会以及一定的自我引导是鼓舞团队士气、帮助公司成功的非常有效的工具。"

可惜，在其他一些领导看来，赋予这种让人安心的成就感就像一种溺爱，简直是妄想（可笑的是，正是许多这样的领导培养了眼前的新一代）。为此，我们分享"梯子"公司获得的成果。塞内德尔说，新员工都努力工作，认真对待每一次晋升。仅仅四个月，他们就从初级分析师晋升为分析师，彼时他们庆祝、给父母打电话、和团队成员互碰拳头。领导们很快意识到，这些措施不会被员工视为虚假的晋升，而会成为他们职业生涯成功的重要标志。塞内德尔还表示，由于公司要求员工在每次晋升前必须达到特定的成绩水平，如今"梯子"公司已经拥有一支更有能力的、更专一的、不同年龄段的新员工队伍。

许多在晋升方面采取类似措施的领导告诉我们，这不仅能提升员工的敬业度，还有益于培训工作，它提供了更多领导与员工面对面交流的机会，也便于员工对长远发展目标进行深入讨论。

方法二：指导员工如何取得进步

我们发现，对于许多为事业发展感到焦虑的员工来说，部分原因在于他们不够了解作为晋升候选人脱颖而出的最佳策略。领导可以开阔员工的眼界，让他们知道如何管理自己的职业发展，包括学习新的技能、积累经验、如何做出高层领导会关心的结果，这些都能够帮助员工向升职更进一步。

谷歌高管培训和发展团队前总监大卫·B.彼得森（David B.Peterson）博士向我们强调，许多员工不懂，每周必须投入高质量的时间来为未来的工作做准备，太多的员工只专注于优化他们在当前岗位上的表现，当然，这是每个领导的期望，但是，过于专注于取悦眼前的领导而不展望未来、不为新的挑战做好成长规划，反而会让员工觉得自己只能听命于领导，最终可能因为岁月如斯、晋升无望而加剧焦虑。

彼得森说："领导者需要帮助员工认识到，仅仅在当前岗位上表现出色并不能让他们实现自己的目标，只有新的、其他方面的技能才能推动他们更上一层楼。"他建议领导对员工进行他所称的"现实测试"，即查看日程表上的上一个星期和下一个星期，看看他们在达成一年后的目标这件事上花费了多少时间。他们的日常工作与他们的目标一致吗？显然，一个人的大部分时间都花在当前的任务上，但如果很少花时间、甚至根本不花时间学习和成长，那么这个人的升职机会微乎其微。

因此，领导可以做大量工作，帮助员工每周抽出时间（仅仅一两小时就是一个很好的开始）学习所需的技能，使员工的关注重点与个人长期发展目标保持一致。这是帮助员工感到获得支持的一个有效方法。当然，该方法要求领导已经与所有员工单独会谈，已经了解员工的职业目标，知道应该提供哪些帮助为员工实现目标。

方法三：帮助员工评估他们的职业技能和动力

要指导及帮助员工减轻对前途的焦虑，还需要帮助员工认清他们真正想走的路，很多员工都不确定自己想要做什么。优柔寡断会带来职业压力，选择错误的道路会让员工陷入既不适合也不感兴趣的角色，只是因为他们认为自己需要不断往上爬。

不久前，我们指导了一位部门总监，指出如果她提拔员工格雷格（Greg）可能会踩的一些坑。这位总监即将调任另一职务，她一直在培养格雷格接替她的职位，我们用"激励因素评估法"对她的团队进行了评估，进行了360次访谈，最终认为格雷格不太可能对这份管理工作感到满意，或不是特别擅长。

我们与《情商2.0》（Emotional Intelligence 2.0）一书的两位作者——特拉维斯·布拉德伯里（Travis Bradberry）博士和吉恩·格里夫斯（Jean Greaves）博士共同建立了"激励因素评估法"，用于确定一个人特有的职业核心驱动力。我们在研究中发现了23种推动人们工作的激励因素——从创造力到所有权，从金钱到知识。我们迄今为止已经用这个评估法评估了十万多人，发现了影响员工敬业度的一个关键因素是：让人们真正地被所做的工作激励。很有道理，对吧？工作效率最高的员工的工作表中有大量真正吸引他们的内容。

当然，我们每个人都有一些不太喜欢做的工作，例如倒垃圾。但我们发现，领导可以帮助员工对自己的职业更忠诚、更自信、更满意，因为他们可以帮助员工理解这点：虽然薪酬和晋升很重要，但拥有自己感兴趣的、有回报的工作，做自己热衷的事情同样重要。那些对自己的职业道路感到焦虑的员工很可能是走错了路。贴心的领导往往可以帮助员工确定情况是否如此，这正是我们对格雷格及其领导的期望。

当领导发现员工现在的工作与其动力所在不匹配，可以趁此机会与员工一起调整工作：找出他们可以移交给其他团队成员的任务、找出可以变得更有激励作用的任务以及找出员工热爱的工作（对于领导和员工来说这都是最好结果），这会让员工更有收获。

我们发现，相比给员工升职加薪（这不是经常能做到的），这种坐下来和员工一起探讨工作的过程更能提高员工的敬业度和方向感，这正是我们一开始就创建"激励因素评估法"的原因，这个评估法的目的是帮助领导者明确最能让员工投入工作的因素，现在已应用于世界各地的数百家企业，它帮助领导更好地将员工的工作与核心驱动力相结合，在保持绩效和留住员工方面提供了良好的考据。

回头再看总监和她的员工格雷格：我们给这个团队做了激励因素评估，格雷格的评估结果显示，"培养人才"和"团队合作"在他的23个核心驱动因素中几乎排在最后。这可能是个问题。毕竟，如果得到晋升，他的新工作是帮助一个拥有12名职员的部门成长和发展，同时建立一个具有强烈团队精神、有凝聚力的团队。我们坐下来，让格雷格描述他在工作中最糟糕的日子，他提到，当指导年轻员工和（或）帮助他的项目团队解决棘手的人事问题和冲突时，他感到很沮丧。当我们请格雷格说一说他最美好的时光时，他高兴起来，他通常在外与客户合作，解决他们的问题，看起来像个英雄。

关于人员管理，他吐露道："我的团队成员也有矛盾，这里有些人不太能接受反馈，同事们都在钩心斗角。"然后他停顿了一下问道："你们干这一行已经有一段时间了，管理层总是这副样子吗？"

我们点点头，"很多领导的工作就是这样，要处理人事，还要帮助他人成功。"我们还补充说，他所讨厌的正是其他一些人所热爱的。

后来我们向格雷格的领导解释说，他虽然可能会成为一个有用的领导，但会痛苦不堪，并产生焦虑和倦怠，很快，他的团队成员就会清楚地看出他根本不爱这份工作。

要是每个人都随时接受我们的好建议就好了！要是我们的建议永远是好建议就好了！交接的事出了乱子——几个月后总监升任其他职位，在她的不断推荐下，格雷格接管了这个团队。公司高层只是简单粗暴地认为：他很聪明，他会想出办法的。仅仅过了6个月左右，团队就出现问题了，员工表示，格雷格对他们的担忧反应迟钝，对他们的个人问题也漠不关心，只关注自己的工作成果。

在格雷格任职的几个月里，团队的人力专员尝试指导他，但格雷格很强硬，他似乎就是无法改变。

谢天谢地，公司没有解雇他。人力专员和格雷格联手打造了一个新角色，让他得以继续作为团队高级顾问拿薪水。在此后的3年中，他承担了其他任务（例如内部高管培训），作为与其他部门的联系人，他扩大了工作范围，在产品开发方面承担了更多的责任。格雷格是一个聪明人，为了所有人的利益，他不再管理任何人，除了他自己。

这个公司汲取的教训是，把人放在错误的位置会带来焦虑和过度的压力，不仅是对于这个人，他所在的团队也会如此。

关于这个问题，再讲最后一句大实话：有时候，针对员工应该走的道路得出明确的共识可能会导致员工离开团队，而这种结果对于公司和员工来说可能是最理想的。这是我们合作过的一家大型保险公司首席执行官的观点。

我们曾经为大约一千名领导者举办了动力培训课，许多人都能够更好地将他们的日常任务与他们的关键驱动力结合起来了。我们和一位CEO坐下来讨论培训结果，他告诉我们，因为这次培训，他的三位有价值的经理已经决定跳槽，一个计划成为教师，另一个计划开一家小公司，还有一个决定回归校园。我们有点紧张，不知他会做何反应，但他好像感觉还不错,"如果他们不开心,员工们也会察觉到的。"他说,"一千个人中只失去三个,挺好了,我们必须做一些正确的事情。"

好的领导就如同这位CEO,不怕让团队成员思考自己真正的工作驱动力,即使员工有一天可能会离开。另外,这个过程还可以减轻员工的晋升焦虑。帮助员工了解他们自己的工作动力的领导会成为有口皆碑的、值得为之献力的好领导。

畅销书作家、甲骨文公司前高管利兹·怀斯曼称这些领导者为"人才磁铁"。她告诉我们:"聪明、有能力的人投入这些老板麾下是因为他们有口皆碑。他们被认为是所有人都想为之效力的管理者,因为他们有能力挖掘人们的天赋。"

怀斯曼这样描述天赋:天赋是你能做的、让你与众不同的一些事,是你的大脑的一种特定连线方式,能够帮助你增加价值(即使它可能曾经被认为是负面的)。她给我们讲了一个真实的例子:布莱恩(Brian)承认,在他之前工作的地方,他被人称为"不行博士"。他无法控制自己:在别人提出的任何计划中,他都能立即看出缺陷。"人才磁铁"型领导者不会指教布莱恩改掉这个习惯,而是与之合作,她会说:"布莱恩,这太棒了。你的天赋就是发现那些潜在的坑,团队中有人能够发现我们计划中的漏洞,能够看到计划的薄弱环节，这是多么棒的事情啊！"虽然有些领导可能会哀叹布莱恩是个扫兴的人，"人才磁铁"却会把他的天赋作为团队所需要的品质推销给团队："我们打算，每当我们考虑推出重大项目时都起用布莱恩。"

怀斯曼补充说，这样才能让人真正欣赏多样性，对员工非常有吸引力。"上班的时候，老板和同事能理解并欣赏你的才华，这就是一份非常好的工作。"她说，"如果老板能做到这一点，她就有权说'你知道吗，布莱恩，我们还可以请你多做一点儿'或者'我需要你用不同的方式来做这件事'。"

"人才磁铁"的成就可能令人叹为观止，他们会在整个公司得到广泛认可。Simplus的首席执行官瑞安·韦斯特伍德自豪地给我们讲起他的一名员工："他曾在我们的营销组担任平面设计师，说想尝试一下Salesforce（一家客户关系管理软件服务提供商）咨询业务并通过认证。两年后，他成了我们最优秀的架构师，通过了24项认证，被认为是世界最顶尖的100名Salesforce架构师之一。他成了我们解决方案部门的主管，开始构建知识产权，这一切都是因为他既有兴趣又有雄心，而我们为他开辟了可能的道路。"

作为比较，作者阿德里安在获得本科学位后的第一份工作是在一家月刊杂志社担任编辑助理，这里的晋升结构似乎从谷登堡时代就已经存在，编辑们可以期待的是在某个岗位待上 7 年左右，从编辑助理做到助理编辑，从助理编辑做到副编辑，就像有条不紊的时钟一样前进。当阿德里安表现出对学习和成长的兴趣（他对领导工作很感兴趣），得到的回答是获得更高级别工作的唯一机会是成为助理总编，通常需要等到 50 多岁，接下来就是盼着总编辞职或退休。所以他只在那里待了很短一段时间，随后跳槽去了一家有真正机会的公司，在那里，有抱负的人可以听从内心动力的召唤。

为了更好地了解员工的职业动机，我们建议对员工进行激励因素评估，或者至少花时间观察和讨论员工在工作中最感兴趣和最想投入进去的东西。再次声明，只有当领导更频繁地评估员工的技能和动力，并诚实地讨论什么目标现实、什么目标不现实的时候，才有可能得出正确的结论。

方法四：使用技能发展流程

成长潜力教育能够帮助减轻焦虑，但我们还必须帮助员工明白，晋升并不是发展事业的唯一途径。Keurig Dr Pepper 公司首席人力资源官玛丽·贝丝·德纳耶说："长时间以来，我们都把职业道路看作一个梯子，只想着向上爬。我们现在把场景变为一面石壁，员工可以向上爬，向旁边移动，再向上爬一点点，再向旁边移动一点点。每个人都有自己的目的地。"

"在石壁上唯一不能做的事就是停在上面不动。"她补充说，"你不能满足于现状，你得移动，但移动的方式、速度和高度取决于你自己。这可以帮助员工思考他们需要培养什么技能，他们想在爬升途中获得什么体验。"

德纳耶解释说，梯子意味着同一时间只有一个人向上爬，而石壁可以允许多人位于同一高度，无须竞争。换句话说，成功不是零和博弈。我们发现，这种态度可以极大地增强包容性，帮助缓解一些人的担忧，这些人可能会因为多样性倡议而感到威胁，因为他们认为自己的位置正在被夺走。有效地做到这一点的企业会营造一种文化，在这种文化中，一个人的成长不必以牺牲其他人的成长为代价。

在指导领导时，我们鼓励他们遵循一个简单的流程来发展团队成员的新技能，这个过程符合我们的"技能发展模型"。通过这种方法，领导可以帮助寻求进步的员工在石壁上画出自己的前进路线，最重要的是，这个过程可以让领导们将公司或团队的愿景与员工的愿景结合起来，减少员工因个人发展而产生的焦虑。

第一步，员工或领导提出提升某项技能的建议，如果这是对团队或企业有益的事情且员工愿意尝试，那么员工就会开始学习。如果这项技能提升建议由员工提出，但企业目前不需要，那么该员工可能需要利用个人时间获取这项技能。我们一位员工曾经说过，她想成为一名与儿童打交道的听力学家,虽然我们认为这是一个崇高的目标,但我们无法使她的技能培训符合我们公司的需要。最后,她选择晚上去学校学习这项技能,而我们同意她每周几天提前下班,予以支持。

第二步,员工开始学习,掌握了足够熟练的新技能,具有帮助团队的潜力后,领导要找到应用这种技能的途径,然后,员工将使用这种新技能来帮助组织。

第三步,如果员工正在努力运用这些技能,改善团队状况,那么领导就有必要通过感激来奖励这种行为,并鼓励员工继续学习。领导还应提供指导,确保员工的新技能满足公司和团队的需求,帮助员工成长并为其扫清障碍。

最后一步,该重新调整方向并考虑下一步该做什么。如果这项技能给员工和团队都带来了好处,员工可能会继续利用技能并获得更多的知识；如果领导或员工意识到这项技能并不适用，他们可能会停止实践这项新技能，或者，员工利用个人时间来实践这项技能；如果员工还没有完全掌握这项技能，领导和员工可以共同努力，继续进步。

安东尼分享了一个例子。他在犹他大学医学院男性学和表观遗传学研究实验室工作时，他的领导肯尼斯·阿斯顿（Kenneth Aston）博士建议他学会 R 语言，用于分析统计数据也能够提升个人能力。"我说我会尝试，但我没有信心，"安东尼说，"肯尼斯认为这对我非常重要。他设定了一个目标，给了我时间和资源去学习，还派了一名博士生帮助我磕磕绊绊地完成学习过程，让我搞懂如何把它充分应用到我们正在进行的实验中。"

那位博士生耐心地看着安东尼敲代码。"她本可以几分钟就写好，但如果我只看她写的代码，我就学不会。所以我一边写她一边教：'这一部分代码用于创建类别，这一部分则给这些类别贴上标签'。我因此知道了代码如何影响其他实验。"

"然后，她让我输入数值和数据点，确保我能够掌握她教给我的东西。她从来没有直接替我做，也不期待我能神奇地完美复制她的步骤。"

学习了几周，安东尼对此已经足够熟练，并帮忙做了好几个实验分析。他承认，他本来可以按照原来的分工一直做实验操作部分的工作，还可以用自己熟悉的 Excel 软件进行分析，但实验室领导知道学习 R 语言对他来说很重要，因为作为科学家要不断进步。在安东尼掌握了这门技术的基本知识并能够熟练运用之后，阿斯顿博士告诉他："关于 R 语言还有很多要学的东西，不过这就可以了，谢谢你的贡献！"那一天，安东尼离开实验室时，他知道自己的努力得到了肯定。

"之后，我更加投入实验室的工作，这件事让我觉得他们对我的关心增加了十倍。"他说，"学习一项新技能让我自己实现个人成长，还为实现实验室的目标做出了贡献、取得了成果。"

方法五：实时学习

"想看到目光呆滞？想看到焦虑加剧？那就命令忙碌的员工参加'商务写作''谈判'或其他与日常需求不太相符的培训课程。"澳大利亚墨尔本 Collective Campus 公司的首席执行官史蒂夫·格拉维斯基（Steve Glaveski）这样说道。

自从人类文明诞生，当我们的祖先第一次学会使用武器来对付讨厌的剑齿虎时，人类就深刻地明白了什么时候必须学习。英属哥伦比亚大学大脑行为实验室的马蒂厄·博伊斯贡泰尔（Matthieu Boisgontier）说："保存能量对人类的生存至关重要，因为这让我们在寻找食物和住所、争夺伴侣以及躲避捕食者时效率更高。"我们的大脑是身体中最大的能源消耗器官，为了合理利用能源，大脑天生可以快速忘记非必要信息。难道你现在还记得如何用录音机播放歌曲吗？

虽然基础业务技能方面的课程和模拟培训非常有价值，但是，学习如何解决在日常工作中遇到的具体挑战才是最让员工振奋、能产生最直接影响的内容。

设想你的一名员工承认，出于畏难情绪，她回避与另一个部门的一位不好相处的同事进行必要的交谈（她需要从这位同事那里获得信息），她不确信自己是否能完成有效的讨论。你可以给她介绍一种方法，设想一些角色，为她提供你可能使用的言辞。此外，你可以建议她读读《至关重要的对话》（*Crucial Conversations*）这本书，书中有很多关于如何与麻烦同事相处的深刻见解。引导员工阅读你认为有用的、真正相关的、有精辟建议的作品是促进员工发展的好方法（嘿，作为商业书籍作者，我们如果不认可这种做法就太不称职了）。

方法六：量身定制个性化发展

频繁地与员工进行推心置腹的职业发展对话，让领导可以更好地发现员工在哪些方面需要提高技能，对哪些方面最感兴趣。为了减少不必要的焦虑，发展应该因人而异，德勤咨询公司首席执行官兼董事长丹·赫尔弗里奇（Dan Helfrich）向我们强调了这一点。他是量身定制方法的杰出实践者，这不仅为他赢得了员工的忠诚，还帮助他晋升到公司的高位。

赫尔弗里奇与下属进行职业生涯一对一对话的开场白是："你想改进什么？"对于员工来说，这比指导他们去填补完全不感兴趣的技能空白更有吸引力。赫尔弗里奇说："我想知道哪些挑战让他们摩拳擦掌，却苦于没有机会一试。然后，随着时间的推移，哇！你给他们的小任务或小机会能够与他们的小心思完美契合，这种契合感帮助他们建立起信心，并觉得自己说的话真的很重要。"

他给我们讲起他的一个团队成员的故事，她是办公室的协调中心，"但是，"赫尔弗里奇说，"一开始她觉得自己像一台汇报机器，没有机会进行创造性或战略性的思考。作为一名管理者，她拥有备受推崇的技能，却感觉自己受到了约束。"虽然一些领导可能会鼓励员工依靠这种优势，但赫尔弗里奇知道，如果不让她发挥作用和成长，他可能会失去这名员工。他问这名员工是否愿意负责一个新项目，这样她可以参与到富有创意的过程，这个安排"开启了职业发展的大门，取得了其他做法得不到的结果"。

针对职业发展对话，我们建议领导询问以下问题：

- 你最希望在工作中做哪些事？
- 什么样的任务会让你充满活力？
- 哪些任务会让你产生挫败感？
- 什么样的任务让人泄气？
- 你对自己的职业有期望吗？是什么？
- 在你的职业生涯中，还有哪些你尚未探索但感到好奇的领域？

为了掌握从这次以及随后的持续谈话中了解到的东西，我们建议采用达特茅斯学院管理学教授悉尼·芬克尔斯坦（Sydney Finkelstein）博士推荐的方法。他建议领导者创建电子表格，针对每个员工输入以下信息：

- 工作方式总体观察情况和个人潜力评估。
- 管理方式偏好的反馈。
- 关键激励因素，包括外在奖励（经济补偿或对员工的认可），以及内在驱动因素（在工作中表现出色或对他们的决定和行动拥有自主权）。
- 可能的职业发展机会，包括可能需要什么样的人脉、拓展任务和晋升目标。
- 个人陈述的长期职业和发展目标。

- 领导者为了帮助这个人成长需要提供的反馈（包括领导者希望随着时间的推移传授更多行业智慧）。

然后，在每次进行发展对话之前快速阅读员工的信息，这可以锚定问题，以便追踪那些在忙忙碌碌的日常工作中忽略的事项。也许有一位员工说过他想要向团队提交一个改进流程的点子，而你在过去的几周里忘记了这一点，花十分钟看一看电子表格就可以重新讨论这个点子，并建议他迈出第一步。

方法七：仔细校准成长机会

希望展翅高飞的员工不一定每时每刻都做好了起飞准备。在评估自己为新挑战所做的准备时，人与人之间存在着巨大的差异。有的人可能已经万事俱备，却因焦虑而裹足不前；另一些人摩拳擦掌，却需要进一步成长。对于一个没有经验的员工来说，在跨职能团队中担任一个小角色可能是一个理想的机会，因为他可以看到更多老员工的工作，了解公司其他领域的运作方式；对于一个有一定经验的员工来说，担任项目负责人的机会可能比较合适。

科技咨询公司 Pariveda Solutions 的副总裁玛格丽特·罗杰斯（Margaret Rogers）分享了一个例子：一位经理的两名员工都对提高自己的公开演讲能力很感兴趣。

"从以前的会议可以看出其中一人缺乏经验,在公共场合讲话时更紧张。"她说,"这名员工可能从小规模讲话开始会更好,比如午餐交流会,在此期间由他做简短的报告。另一位员工有更多的实践经验,因此,也许可以让她'单飞',在下一次全公司会议或在更多人面前就一个话题发表演讲。"

罗杰斯还建议根据员工经验改变员工对本人发展的控制权,经验更丰富的员工应该获得更大的自由来选择成长机会,而新员工则需要更多的指导。但即使是新人,比如刚毕业的大学生,也应该允许他们对这一过程提出一定的意见,这一点至关重要。同时,还要允许在合理的范围内进行一些拓展,即使可能导致错误甚至失败。陷入困境及经历失败都可以带来深刻的学习体验并帮助发现自己的技能空白,领导和员工可以针对这些技能空白确定填补的办法。减少焦虑的关键是,应该教导员工,挫折是学习的机会,失败绝不会严重损害员工或团队的整体表现。例如,请一个新人在员工会议上做报告,向团队提出改进意见,这可能会让这位员工得到说服大家的机会,但无论成功与否都不会产生负面影响。

通过有效的指导,领导者可以帮助做得不太好的员工明白,这次经历是主动性和创造性思维的出色展示,不是失败。这也是员工需要形成的关于成功的一种认识。玛格丽特·罗杰斯对此评论道:"记住,信心低落时,安全是必要的,但将员工推离舒适区才会带来真正的发展。"

方法八：鼓励同事相互学习

如今，当员工想要学习一项新技能时，他们几乎不会首选老板。大多数年轻员工会上网（谷歌或 YouTube 视频网站），或者通过众包的方式与公司内外的朋友协商。

等待领导为你抽出时间会让人焦虑，有时承认自己不知道某件事也会让人焦虑。高效领导者应该支持同事一对一学习。

美国国家情报大学的拉米沙·克拉夫特（LaMesha Craft）博士表示，同事相互学习可能是"职场中最强大的工具"。在与同事交谈时，人们能更坦率地询问自己不理解或处理不好的事情。而且，很多让企业运行良好的专业知识并非留存在领导者的头脑中，也不是记录在培训手册或正式流程中，而是来自实践经验并保存在员工的集体认知中。员工可以彼此分享丰富的实践经验，在此过程中建立一种持续学习的文化。

企业鼓励同事们在日常工作、人际交往和寻求学习机会方面通过各种创造性的方式互相帮助。与我们合作的许多公司已经在内部网络上建立了在线市场，还有一些公司则举办学习研讨会，将愿意向同事传授特定技能的员工联系起来。

另外还有一种适用于内向员工的好方法，就是让他们制作关于重要流程的指导视频并发布在公司的内部网站上。相比要求他们当众演讲,这种方法不那么容易引发焦虑,其中一些视频可以在新员工入职时供其观看。一般来说,三到四分钟是最佳长度,网上有大量免费的视频制作技巧以及关于录制和编辑的最佳教程可供参考。

《专业经济》(The Expertise Economy)的作者凯利·帕尔默(Kelly Palmer)和大卫·布雷克(David Blake)在这本书中主张,将同事相互学习正式化,以此帮助员工建立信心。他们总结了一些最佳实践的特性,可以让员工在团队内部以及公司范围内学到更多东西:

- 任命一位主持人。指派一个可以组织召开学习会议的人,就某个主题召开多次会议,现场会议或在线会议均可。
- 营造安全的环境。使参与者在提问以及分享想法、经验时有安全感。邀请其他部门的专家"空降"过来,听听他们的意见。
- 关注现实世界。如果学习会议能够解决团队成员当前面临的问题,他们就会更愿意参与并有效地学习。

* * *

当今世界充斥着许多不确定因素,职场尤其如此,但我们确信,那些未来的成功领导者将更加重视员工发展。为了解决这个时代看似棘手的问题,为了让企业朝着更繁荣的方向前进,优秀的领导者会更加关注他们的员工,尤其关注为员工找到成长的道路。未来的成功将极大取决于我们是否能找到方法来帮助员工发挥自身独有的动力、风格和才能。

帮助规划职业发展

- 研究显示，年轻的员工更渴望升职或跳槽，超过75%的Z世代表示自己应该在工作的第一年内得到晋升。因此，在职业道路上搭建更多台阶会有所帮助。
- 约90%的年轻员工"高度重视"事业成长和发展机会，能够有效满足员工学习欲望的公司成为行业"领头人"的概率会提高30%。
- 约87%的千禧一代在找工作时将就业保障放在首位。在疫情后，这一比例很可能会提高。
- 遵循以下方法可以减少员工对职业发展方向的焦虑：

  （1）搭建更多的成长台阶；

  （2）指导员工如何取得进步；

  （3）帮助员工评估他们的职业技能和动力；

  （4）使用技能发展流程；

  （5）实时学习；

  （6）量身定制个性化发展；

  （7）仔细校准成长机会；

  （8）鼓励同事相互学习。

第 5 章
完美与完工——焦虑与"完美主义"
帮助团队成员管理完美主义

美丽的东西绝不完美。

——埃及谚语

"完美主义"一词暗示着对无瑕的极致追求，在普罗大众看来是一种苦恼，然而，我们的文化在很多方面都在助长完美主义。学校成为完美主义的温床，办公室也是如此。完美主义常常被误认为是令人钦佩的坚忍、对卓越标准的坚持、正常合理的野心。事实上，人们一直说，对于"你最大的缺点是什么"这个老套的面试问题，推荐答案是"我是一个完美主义者"。文化讽刺剧《辛普森一家》嘲讽了这种现象——在斯普林菲尔德核电站的一次工作面试中，当求职者被问及他们最大的缺点时，答案是这样的：

求职者1：呃，我是个工作狂。

求职者2：呃，我把自己逼得太紧。

只有无知的霍默·辛普森（Homer Simpson）实话实说。

霍默：呃，我学啥都费时间。我有点儿喜欢偷懒，还喜欢占小便宜。

在工作中力求完美怎么了？其实，有些人就应该这么做。处理血液样本的技术员就应该严格按流程操作；航空公司的飞行员几乎没有任何犯错余地，因此才为他们配上副驾驶和大量电子设备作为辅助。在许多职业中，甚至在每项工作的某些方面，无错执行至关重要。例如与我们合作多年的英特尔公司团队，鲜有公司比他们更重视制造过程的完美性，英特尔与许多工业组织一样，一旦流程达到最优，零误差就成为他们的目标。

因此，有些时候，人们要求自己遵守极其严格的标准是绝对正确的，这时，他们不能叫完美主义者，而是尽职尽责。完美主义的含义并不是在必须做对的事情的时候争取把事情做对，而是一种有害的念头，总是想让自己看起来完美并常常逼迫别人也做到完美（但不接受任何批评）。而且，极具讽刺意味的是，完美主义会严重影响员工的绩效，它已成为许多雇主的警惕信号。

让我们看看历史上伟大的演员之一——歌剧明星玛丽亚·卡拉斯（Maria Callas）的情况。

在20世纪40年代和50年代，卡拉斯成为最畅销古典音乐女歌手之一，时至今日，她仍然是许多人心目中的最伟大的女高音歌手，她永远地改变了人们对那些从未在歌剧舞台上出现过的、有表演天赋的演员的期望。然而，卡拉斯的职业生涯因追求完美而毁灭了。

据《华盛顿邮报》报道，卡拉斯的母亲在卡拉斯5岁的时候就让她上街卖唱，在专横的母亲的逼迫下，她养成了"完美主义"，这种完美主义随着嗓音的衰退变得越来越强烈。卡拉斯强迫自己完美无缺，并为此牺牲了健康和工作内外的人际关系。有一次，在她预定的排练场地斯卡拉剧院，有人请她等著名钢琴家威廉·巴豪斯（Wilhelm Backhaus）排练完一首协奏曲之后再开始，她坚决拒绝了，卡拉斯说她不在乎那个人是谁，"我应该在3点开始排练。告诉他时间到了"。排练《美狄亚》（*Medea*）时，她在排练间歇冲进附近的咖啡厅，别人问她："你拿的是什么？"她仍然紧握着道具匕首，无法将自己从角色中脱离出来。

卡拉斯是百年一遇的天才，但她过于期望完美，导致她的表演生涯愈发艰难。在回顾自己的职业生涯时，她说："我从未失去歌喉，但是……我失去了勇气。"她的歌唱生涯在40岁时就结束了，相比之下，被人们认为仅次于卡拉斯的史上第二优秀女高音琼·萨瑟兰（Joan Sutherland）却唱到了60多岁。

追求卓越可能带来突破，而完美主义可能导致失败。

没完没了的成绩单

完美主义者不纯粹是雄心勃勃、勤劳肯干的奋斗者。佛罗里达大学的布莱恩·斯韦德（Brian Swider）博士研究了努力者和完美主义者之间的差异，他说："是的，完美主义者努力产出没有缺陷的作品，他们的动机和责任心都强于非完美主义者。但是，他们也更有可能设定死板及过高的标准，过于严苛地评估自己的行为，对自己的表现抱有'完胜或完败'的心态（我的工作要么完美无缺，要么完全失败），认为自我价值取决于完美的表现。研究还发现，完美主义者的压力、倦怠和焦虑程度更高。"

对于那些与完美主义缠斗的人来说，生活就是一张永无止境的成绩单，记录着他们的成就、外表状态、朋友素质等等，这是一条通往闷闷不乐和忧心忡忡的快速通道。不健康的完美主义和健康的奋斗之间有一个重要的区别，即，后者能够定义现实的期望，知道什么时候就"已经足够好了"。

完美主义极具危害性的地方是，看似完美给完美主义者带来的动力远远超过追求完美带来的动力，而完美主义者自己通常意识不到这一点。为了看似完美，完美主义者痴迷于不败，坚持自己无法达到的标准，不惜一切代价避免公开犯错。因此，他们可能会花大量时间修改或决定一项行动方案，却收效甚微。

此外，完美主义者经常更强烈地希望自己获得正面的认可，同时害怕任何形式的负面判断或批评。研究表明，完美主义会让人们付出更少努力而非更多努力——他们潜意识中会产生这样的推理："既然我无法做到完全正确，就不用那么努力了。"因此它带来的负面影响是，当人们落后或者觉得自己因为工作不力而受到批评时，就会产生更大的压力。

美国西北大学家庭研究所完美主义研究员兼治疗师本杰明·切尔卡斯基（Benjamin Cherkasky）对这种扭曲的逻辑有切身体会。他说他在八年级的时候退出了一个竞赛游泳队，不是因为他不再热爱游泳了，而是因为没有赢得自己心目中足够多的比赛。"我不是迈克尔·菲尔普斯（Michael Phelps），那我为什么还留在队里？"切尔卡斯基若有所思地回忆道。几年后他才意识到，不切实际的标准让他享受不到泳池里的快乐。

完美主义的最后一个影响是，它可能导致人们孤立自己、脱离工作和他人，会造成难以抗拒的情感痛苦。这既是焦虑的原因，也是焦虑的症状。

完美主义长期以来一直是员工中的一个问题，但近年来，它变得更加普遍。2017 年，英国巴斯大学的托马斯·柯伦（Thomas Curran）主持了一项研究，其团队分析了 4 万多名美国、加拿大和英国大学生的数据，结果显示这些大学生在以下方面的得分明显高于前几代人：对永不失败的非理性的渴望；感受到他人的过高期望；对周围的人设定不切实际的标准。

大量研究表明，社交媒体加剧了人们对失败的恐惧，迫使年轻人与同龄人攀比工作成就（通常是不利的），就像在学校里攀比高分一样。许多大学生一心追求完美成果，是因为对负面结果的恐惧。从"及格万岁"到"读不了好的研究生就永远无法负担抵押贷款"，这种转变给许多学生提供了追求完美的动机，加剧了担忧、压力和焦虑。如果说 2019 年美国高校招生舞弊案给我们带来了什么教训，那就是学生和家长的焦虑情绪是显而易见的，这种焦虑会迫使那些有钱有势的人做出糟糕的决定。这给年轻人传达了一个不好的信息：成功人士应该尽其所能取得成功，即使这意味着有时需要作弊。

回想过去（14 世纪早期），大多数勤奋的高中生一心希望进入大学——任何大学都行，真的。但在现代社会，为了进入"正确的"学校，学生们开足马力追求近乎完美的绩点（GPA），然后以优秀成绩升入著名的研究生院。为了实现这个目标，富裕家庭会聘请家庭教师，送孩子参加精心安排的社区服务旅行，以美化孩子的简历，而贫困家庭的学生通常不得不兼职或全职工作来支付学费，从而减少了学习时间。大学通过让学生们相互角逐，在不知不觉中鼓励了竞争。现在，几乎所有大学都在使用在线系统，它能即时显示学生在每次作业和考试中的分数，并与班级平均分和最高分进行比较。

安东尼承认，在公布考试成绩的日子里，他至少每小时查看一次学校的在线系统。直到大四那年，他才茅塞顿开——埋头苦读足矣，排名何足道哉！"刚上大学的时候，我发现，如果不同时上四五门科学课就不可能精通所有概念，那时我变得很沮丧。如果我想掌握下一个概念，就要在刚掌握前一个概念的基本原理后，马上开始学习下一个概念。"

安东尼说，他在大学一年级时压力太大，退了一门课，因为那一学期开始时他那门课的成绩等级是 C，后来期中考试只得了 D。"如果我只是抱着一种学习的心态，想着自己是这门学科的新学生，并认为在我的第一门艰深的科学课上即使得了 C 也足够好，那么，我可能就能渡过难关，通过考试。"他之所以受此困扰，是因为我们当今的教育体系看重分数多于知识，成绩分级导致了学生间的一致性。当学生的唯一目标只是取悦教授并获得 A 时，就不存在风险、冒险或真正学习的空间。爱因斯坦在临终前曾告诉美国纽约州教育部："一个社会的竞争优势不在于学校教授乘法和元素周期表的成绩，而是在于他们激发学生想象力和创造力的能力。"

第 5 章　完美与完工——焦虑与"完美主义"

如何发现完美主义

在讨论领导如何帮助完美主义员工保持工作进展、按时完成工作之前,有必要简要地分享一些关于不同类型的完美主义的见解以及在团队中发现完美主义的办法。

英属哥伦比亚大学的保罗·休伊特(Paul Hewitt)和多伦多约克大学的戈登·弗莱特(Gordon Flett)的研究解释了完美主义的三种基本类型。第一类是,当专注于内在、面向自我时,完美主义会导致个体对自己抱有不切实际的期望并做出惩罚性的自我评估,这是自我导向型完美主义;第二类是,人们追求完美的感觉来自他人——老板、配偶、朋友甚至陌生人,他们认为自己必须完美才能获得世界的认可,这时就患上了社会规定型完美主义;第三类是,完美主义的期望指向他人,把不切实际的标准强加给周围的人,这就是他人导向型完美主义。

这些完美主义类型绝不是相互排斥的,人们可能会受到几个因素或所有因素的影响,但了解其中的差异有助于探讨最好的支持员工的方式。我们可以问自己,员工是不是在自责,是不是对自己或自己的工作进行批评?是否有员工认为你对他的期望很高(而实际你的期望并没有这么高)?是否有员工对同事或下属的工作过于挑剔?

说到如何发现完美主义,《与焦虑和解》(*The Anxiety*

Toolkit）一书的作者、前临床心理学家爱丽丝·博伊斯（Alice Boyes）博士建议，完美主义者可能寻求过度指导，似乎不愿意冒任何风险，做每一个决定时都仿佛这是一个生死攸关的决定。我们尽可以这样假设：表现出完美主义倾向的人心存焦虑。

哈佛大学的一项研究补充道，完美主义者在受到批评时往往会过度防御。相比之下，健康的奋斗者在争取更好的结果时往往会泰然自若地接受批评，从失败中振作起来，而完美主义者往往会专注于自己的失误或他人的错误。那么我们该怎么做才能帮助这些员工呢？以下是本书作者发现的一系列方法，有助于领导那些有完美主义倾向的人。

方法一：澄清什么是"足够好"

首先，稍微花一点时间考虑一下，是谁助长了他们的完美主义？是您自己还是公司文化？在为领导者提供指导的过程中，我们经常发现，他们不仅要求自己和员工遵守高标准，还是那种不切实际的高标准。这样，领导者在批评员工工作时可能会变得过于严厉，他们专注于解决问题、灭火救场，这占用了太多时间，因此也忽视了对员工的表扬，从而加剧焦虑。对优秀工作适度、适时的认可可以帮助员工提升信心，让他们觉得自己正在全力以赴地为团队献力，还可以帮助人们弄清楚界定工作的合格线——当"足够好"确实足够好。

如果让完美主义者完全自己决定他们的工作是否合格，他们很可能会过度思考、返工、调整、事后批评，甚至做过头——比如为每个人清点所有库存（而不是只清点要求清点的产品），或者在老板要求出具一份执行概要时，上交的文件和《战争与和平》一样厚重。我们知道，大多数领导都不想控制他们的员工，不想微观管理，但是，对于有完美主义倾向的员工，给他们讲清楚你所寻求的标准也很重要。

为了佐证这样做带来的巨大帮助，安东尼讲述了他从化学实验室转到生物技术实验室工作时的情况。他说："在化学实验室里，我们称量和测量试剂的精度是小数点后几位，这很费时间，需要花好几小时才能测量准确。天平被挡风玻璃包围着，这是为了隔断我们呼吸的气流，如果我们倚靠在工作台上，天平上的读数可能会改变。所以进入第一个生物技术实验室时，我也寻求同样的精确度。"

当他小心翼翼地称量一份琼脂（海草冻），用勺子在天平和容器之间少量地增增减减时，实验室领导走了进来，她解释说，这种完美主义在这个生物技术过程中是不必要的，他们是在制备细菌培养基，不是在分裂原子。"她帮我改掉了这个习惯，"安东尼说，"这让我能把更多的时间花在真正需要更高精度的事情上，帮助我成为更熟练的实验室工作者。"

博伊斯建议，要清楚地告知员工，某些工作没有那么重要，并为员工制定指导方针，这样可以极大地减少完美主义者的焦虑。她还建议指派导师，让导师指导初级员工，向他们演示如何完成工作，并分享符合标准的例子。

方法二：分享创新者的智慧

近年来，大量文章都在讨论以"最小化可行产品（MVP)"为起点进行创新的智慧。注意，"最小化可行"不是指劣质，而是指准备接受消费者测试的可靠产品。测试后再改进，即使这款产品最终无法达到完美，也能变得非常出色。

这个过程被称为精益产品开发方法，它极大地帮助企业加快产品和服务的开发速度，同时，由于客户参与设计，还能交付出更好的最终产品。

哥伦比亚商学院教授丽塔·麦格拉思告诉我们，边学边做的方法有助于减轻人们对失败的恐惧，而这种恐惧正是完美主义者的一个大问题。她说，如果员工担心"失败玷污他们的记录"，则"不做决定或做分散决定更容易"。这可能是一件严肃的事情。根据弗雷斯特咨询公司的一项新研究，所有产品中有三分之一会出现交付延迟或交付不全，原因是决策无能或决策延迟。

麦格拉思有一个很好的方法，可以解决创建边做边学文化时遭遇失败的担忧，领导应该与所有的员工探讨，而不是仅仅针对完美主义者。她强调说:"在创新型组织中,你应该鼓励个人采取主动。"每个人的贡献都可能发生演变,但是,如果他们不行动,不把想法或工作成果拿出来接受评估,那么就不会发现任何使它变得更好的"突变"。至于创新,她说:"的确,大多数突变都没有效果,但一旦有效果,就能带来很大突破。"这一道理基本上也适用于那些追求完美之道的员工。我们建议领导教育员工,最好尽可能按时完成工作,交出一些东西进行评估。通过这种方式,他们可以从其他团队成员、领导、甚至客户那里获得意见,而不是困在焦虑的精神囚室中难以自拔。

像这样不断前进是帮助完美主义者甚至所有员工培养"成长型思维模式"的好方法。

斯坦福大学心理学家卡罗尔·德韦克(Carol Dweck)在她的畅销书《终身成长》(Mindset)中引入了这个术语,我们向所有管理者推荐这本书。她的研究表明,人通常有两种思维模式:成长型和固定型。成长型思维模式的人相信自己的智力和天赋是可以发展的,愿意尝试新的策略、寻求他人帮助;固定型思维模式的人认为智力是永恒不变的,他们觉得自己在某种事情上的天赋不会随着时间而改变,例如,"我就是不擅长技术",这样的想法会使得他们回避新的挑战。此外,有成长型思维模式的人往往把针对其工作的批评视为建设性的意见,并认为这有助于自我提升。发展成长型思维模式有助于人们投入任何让他们望而生畏的工作，不会为了完成工作而感到焦虑，也不会因为必须改进工作而自我惩罚。

我们采访了一位高管，他承认自己有完美主义倾向。他的老板教导他要以成长型思维模式看待自己和团队所做的工作，这让他受益匪浅。FYidoctors总裁达西·费尔洪告诉我们："我习惯逼迫自己，我知道这可能会导致我把别人也逼得太紧。"

他与我们分享了一个例子："几年前，我们创建了一种表示目标的直观方法——用越来越高的山代表我们的目标。我们把目标横幅挂在每一座山顶上，称之为'远征'。每当我们达到一个目标，就在我们共同'攀越'的山顶上插上一面旗帜。当第三季度结束时，我意识到我不可能在所有的山上都插上旗子。我讨厌失败，所以，当我与我们的创始人兼董事长会面时，我一直在流汗。我们只完成60%的延伸目标，其中两个里程碑式的目标完全失败了。"

费尔洪告诉老板，他对团队的表现和自己作为领导的失败感到心灰意冷。谈话内容如下：

董事长：你认为我们会实现所有的目标吗？

费尔洪：这当然，我们用白纸黑字写下来，团队成员都同意了。

董事长：达西，如果我们实现了所有的目标，那就说明我们的梦想不够远大。

费尔洪：但有两个里程碑目标是史诗级失败。它们永远实现不了。

董事长：你从失败中学到东西了吗？

费尔洪：是啊，太多了！

董事长：好，很好！我猜我们会把从失败中学到的东西运用起来吧？

费尔洪：是的。

董事长：太棒了！你继续工作。下个季度见。

费尔洪说，他多次对公司的各个层级讲述这个故事。"这个例子充分体现了我们的精神：我们会做出尝试，在学习的同时进行微调，修正错误，共同打造结果。我们永远无法达到完美，但将一直追求卓越。"他说。我们认为这位领导所传授的智慧是值得与所有完美主义者分享的精彩故事。

Simplus联合创始人兼首席执行官瑞安·韦斯特伍德告诉我们："领导者公开承认自己的焦虑对完美主义者有极大帮助，它让员工放松，让每个人得以保持人类本色。我们进行了一次领导力培训，在培训会上，我讲了一个故事：在最近收购的公司中，我搞砸了管理层激励机制的构建，没能使团队的利益最大化。我讲到接受这件事有多么困难，讲到它给我带来的巨大压力,似乎所有的员工都在电话里松了一口气,他们在帖子上说,听到 CEO 搞砸了,真是太好了。"

我们就这个问题采访了另一位领导,他分享了他在公司里推行的一个重要原则。罗兰·利滕贝格(Roland Ligtenberg)是 Houcall Pro 软件公司的创始人,该公司位于圣地亚哥,已有 8 年历史,约有 150 名员工。他目睹了完美主义给公司带来的愈演愈烈的焦虑,所以他开始指导员工:"在我们的世界里,完美是完工的敌人。"

当然,如果一个团队的文化就是严厉对待错误,那么,即使是这样明智的指导也不足以帮助完美主义者或大多数员工克服对失败的恐惧。因此,重点是要公开告知团队,应随时向领导警示问题,然后一起努力解决问题。

方法三:把失败当作学习的机会

在 2020 年新冠疫情期间,母亲节后的周一早上,我们得以旁听一家客户的电话。他们是一家连锁餐饮店的领导团队,当时,每一家餐馆都急需资金维持营业,但在线订餐系统在周末宕机好几小时,餐馆损失惨重,很多顾客感到不悦,因为他们的订单永远到不了。

当全国各地受影响的店面领导们开始通话时,首席信息官本来坐立不安,但是,主持会议的首席执行官告诉与会者,公司文化里没有指责二字。"我知道我们昨天过得很艰难,但我们不会互相指责。"他说,"谁都不希望发生这样的事,我很感激首席信息官阿米尔和我们的IT团队在艰难的日子里做出各种应对,让我们重新开始运行起来。现在,让我们好好讨论一下,看看如何继续学习和改进。"

接下来是一小时的头脑风暴,大家讨论可能在时间、人才和技术方面进行的投资,以便帮助他们从挫折中吸取教训。在父亲节到来的时候,首席信息官的团队就准备好了冗余系统和一系列备份,以防发生任何意外。

这是我们见过的最有建设性的例子之一。一位领导者怀着积极的意愿将团队凝聚在一起,并让员工明白,失败是成功之母。

我们见过有些企业的会议沦为互斗会,我们还会见了许多员工,他们说起自己因为一个错误而被公开谴责,对他们打击很大。对于员工来说,被斥责就像是给了大脑一记象征性的重击,可能会导致员工感到耻辱和沮丧。

艾伦·穆拉利(Alan Mulally)于2006年出任福特汽车公司首席执行官时,接手的是一种极为不良的企业文化,对失败的恐惧弥漫至了领导层,高管会议成为角斗场,员工们相互挑剔对方方案中的瑕疵,而不是提出解决方案。

穆拉利告诉我们,他创立了一种新的哲学:"既然我们一定会遇到问题,那就需要每一个人都伸出援手来解决问题。"

领导团队的成员们在几周后终于相信他们是安全的，但是，在一次会议上，北美总裁马克·菲尔兹（Mark Fields）冒险承认他负责的一款新车将推迟上市。其他高管紧张地看着他。穆拉利说："我可以从人们的眼神中看出，他们觉得马克身后的门会打开，两位彪形大汉走进来把他拖出去，'拜拜马克'。"

相反，穆拉利带头鼓起掌来，他说："马克，太感谢了！这就很透明。"然后他问大家："我们能不能做点什么来帮助马克解决问题？"几秒钟内，各种点子在会议室里满天飞。

穆拉利说，那一刻转瞬即逝，却改变了一切。正如他经常对他的团队领导们说的："你是遇到了问题，而你本人不是问题。"

方法四：定期查核进度

微观管理是绝对要避免的，但是，我们建议领导必须密切跟踪团队成员的进度，这一点对于完美主义者来说尤其重要。领导者可以帮助他们了解工作正在顺利进行，并发现其中存在的拖延症或错误的方向（如果有的话）。

在创建进度查核系统方面，太空探索技术公司（SpaceX）管理层堪称楷模。他们找到了一种方法，可以为他们最大的客户——美国国家航空航天局（NASA）更快地做出决定。

直到现在，NASA一遇到问题，都会（严肃地）发一份传真给SpaceX，而SpaceX会召集一个50人的团队来解决问题，然后回复消息。现在，SpaceX利用协作系统让NASA可以直接看到每个项目，这样他们就可以看出SpaceX的哪一些工程师正在研究哪一些组件。NASA可以直接与这些工程师对话，实时做出决定。这项协作使SpaceX在确定产品需求时的平均等待时间缩短了50%，免除了每周4小时且成本高昂的会议。

减少查核进度引发的焦虑，关键在于让员工有更多的话语权。语焉不详会引发焦虑，所以，与其使用主观的衡量标准，不如用个人和团队的路线图来评估人们达成目标的路径。另外，查核要定期进行。比起突击检查，当查核成为工作生活中的固定组成部分时，员工对报告进度的焦虑就会大幅减少。最后，如果在查核过程中发现问题或员工错过截止日期，领导要表示理解，并为此全力提供支持，这就有助于建立一种关系，出于这种关系，人们知道自己将承担责任，只不过是以积极的方式承担责任。同时，他们的领导会帮助他们取得成功。

方法五：组队

帮助完美主义者认识到自己的倾向并努力改变这种倾向的另一个方法是，让他们与没有这个问题的员工做搭档。

我们从一位领导那里听到了一个关于这种方法的很好的例子。利兹（Liz）告诉我们，她旗下的一名销售代表萨拉（Sara）对一些不必要的细节非常关注，让她抓狂。例如，萨拉给出的月度销售报告比利兹需要的复杂得多，包括好几页她的销售组合的图表。利兹多次请萨拉坐下来，向她解释这种细节是没有必要的，任何领导都无法处理。利兹希望萨拉把额外的时间用来给潜在客户多打几个电话，因为莎拉打的客户电话数量低于团队平均水平。然而，几个月过去了，萨拉还是一如既往地提交报告。当有人质疑时，她会说："我不介意，用这种方法看事情对我有帮助。"事实上，她就是无法自拔。

利兹意识到需要采取其他方法来解决这个问题，于是采用了一种更有效的策略。当她发现萨拉在工作中陷入不必要的细节时，就把她和不太注重细节的伙伴搭配在一起，这样她就会被迫接受"足够好"的结果，并在截止日期前完成任务。当萨拉开始因为注重团队合作、准时完工而受到赞扬时，她开始慢慢地改变。同时，利兹继续定期与萨拉会面，帮助她提高自我意识。利兹没有要求萨拉做出改变，而是邀请萨拉积极参与到指导中，并思考如何提高对项目的紧迫感，以及应该在哪些方面投入大部分时间。

利兹说，经过耐心指导，她得到了一位更自信、更自觉、业绩更佳的销售人员。

方法六：公开讨论问题

我们知道，和别人谈论某些个人问题会让人很不舒服，比如告诉别人自己是一个完美主义者。但是，只要方法正确，真诚的讨论可以让人们看清这个问题，然后，带着全新的认识取得进步。很多受完美主义困扰的人并没有意识到这一点。本杰明·切尔卡斯基（Benjamin Cherkasky）就是一个很好的例子，他花了多年时间才发现自己的完美主义倾向，为此还攻读了西北大学心理咨询专业的研究生学位。我们发现，帮助员工认识问题并与之探讨问题的最好方法是友好地承认：显然，他们也想把事情做好，这是值得赞赏的。由于讨论某人似乎有完美主义的倾向会导致对方自我防卫，因此措辞很重要。

请看下面这段领导与员工之间的经典对话，虽然意图良好，但可能具有煽动性：

杰瑞德（Jared），你的标准和我一样高。看得出来，你总是设法确保不忽视任何细节，每件事都做得非常完美，这可能是好事。但现在，我希望你在这个公司中能够取得进步，让我稍微指导你一下吧！我不得不承认，专心致志地把事情从95%改进到100%往往会让人陷入困境。在追求完美的过程中，你的视野可能会变得狭窄，相比继续进行下一个项目，追求完美可能会让你付出更大的代价。让我给你举个例子，我最近看到你在某些方面有这种情况……

这样的谈话不算差。但是请注意下一段交流中的一些细微差别（粗体部分），看看领导如何进行个性化的谈话，并将指责从杰瑞德转移到问题本身。

杰瑞德，你的标准和我一样高。看得出来，你总是设法确保不忽视任何细节，把每件事都做得非常完美。这可能是好事。但现在，我希望你在这个公司中能够取得进步，**我要告诉你一些我汲取的经验教训**。专心致志地把事情从95%改进到100%往往会让人错失机会。在追求完美的过程中，**视野也很容易变狭窄，相比继续进行下一个项目，可能追求完美付出的代价更大**。让我给你举个例子，我看出你可能在某些事情上应验了这些经验教训……

在这两个例子中，领导开门见山地对杰瑞德表示理解，表达了对问题的共识。领导让杰瑞德知道，她理解他的立场，并解释说他们都有很高的标准。好，这建立了一种舒适感和联系。然而，在第一个例子中，我们认为"让我稍微指导你一下吧"这句话会惹出讳疾忌医的麻烦，杰瑞德知道要被纠正了，他可能需要保护自己免受情感伤害。在第二段交流中，当领导说："我要告诉你一些我汲取的经验教训。"这就给人一种她要传授实战智慧的感觉，这种讨论是一个学习的机会，而不是纠正错误。我们可以想象杰瑞德此时已竖起了耳朵。

类似地，在第二个例子中，领导避免使用"你"，用"视野也很容易变狭窄"而不是"你的视野可能会变得狭窄"来指出问题。这不只是一种语义上的技巧，还能帮助员工理解这是一场关于改变行为的建设性讨论，这将有助于员工学习和成长，而不是对他们整体价值的控诉。

在这些讨论中，另一个帮助完美主义者接受工作上的必要改进而不会让他们产生抵制情绪的好方法是，让这些完美主义者自己提出解决方案，询问他们将会采取哪些别的做法让项目继续进行或更快地做出决策。

现在，即使有了这些方法，完美主义者在收到反馈时可能还是会生气，他们可能会把这归咎于其他员工，甚至是领导，这当然难以令人接受。但重要的是，要记住，这是下意识的冲动。采取防御姿态的人可能在过去有过消极的经历，这让他们小心翼翼地工作，以防别人认为他们不够格。对于我们来说，作为领导者，向员工表明我们关心他们的感受，可以让他们感到更安全，可以缓和措辞，帮助他们减少未来被批评的概率。

在第 6 章中，我们会介绍一种方法——"问题、价值观、解决方案",这种方法有助于更直接地提供反馈。与其说"你太消极了"之类的话,不如谈谈你切实看到的事情,例如"我想和你谈谈你周四和 ABC 公司的通话"。然后,将这件事与你努力在团队中营造的核心价值观联系起来:"我们的价值观之一是为彼此、为我们的客户创造积极的环境,因此,我们试图在每一通电话中表现得友好。"最后,你们一起想出一个解决方案,继续前进。如果这种方法仍然会引起防御性反应,那么,领导应该缩短讨论时间,改天再谈。简单说一句"你先想想,我们下周再讨论吧"可能会让他们的防御情绪缓和下来,你的反馈也会被理解。

管理完美主义

- 对于某些工作，完美执行至关重要。完美主义的含义并不是在必须做对事情的时候争取把事情做对，而是一种有害的念头，总是想让自己看起来完美并常常逼迫别人也做到完美。

- 研究发现，完美主义者的压力、倦怠和焦虑程度更高。他们可能会花很多时间修改或决定一项行动方案，却收效甚微。

- 不健康的完美主义和健康的奋斗之间有一个重要的区别：健康的奋斗能够定义现实的期望，知道什么时候就"已经足够好了"。

- 识别那些可能有完美主义倾向的人，寻找那些寻求过度指导，不愿承担任何风险，将大多数决定视为生死攸关的决定的人。完美主义者在受到批评时往往会过度防御，他们会专注于自己的失误或他人的错误。

- 通过一系列方法可以帮助引导有完美主义倾向的人，包括：

（1）澄清什么是"足够好"；

（2）分享创新者的智慧；

（3）把失败当作学习的机会；

（4）定期查核进度；

（5）组队；

（6）公开讨论问题。

第 6 章
从避免冲突到健康辩论——焦虑与冲突
帮助团队成员表达自我

> 不要抬高嗓门,而要改进论点。
> ——德斯蒙德·图图(Desmond Tutu)

我们常常听到领导这样抱怨：如今许多员工都是冲突回避者——他们回避分歧、不能处理诚实的反馈、不参与艰难的对话。领导说的可不是小部分不合群的人，我们采访过一些表现极好的员工，他们也承认自己会避开不舒服的交流，不愿给出诚实的反馈。

通常他们担心的是能否保住工作。

职场冲突可能是许多员工（尤其年轻人）感到焦虑的重要原因。但是，职场中的辩论是不可避免的，也是必不可少的。话虽如此，我们也承认同事之间爆发不健康的争辩会破坏有效的团队合作。领导应该正面处理这样的紧张关系，应该教导那些挑起敌意的团队成员。但是，敌对和辩论有很大的区别。

多次获得艾美奖的广播新闻记者，《成为真正的领导者》（*Become the Real Deal*）一书的作者，资深领导力顾问康妮·迪肯（Connie Dieken）说，领导者营造的信任度和透明度意义重大。"领导者在这方面的正确耕耘至关重要。团队缺乏坦诚会导致绩效低下，因为大家会相互防御、相互伤害、相互隐瞒。当领导者能够营造并鼓励深思熟虑的坦诚时，作为回应，员工会直接、诚实地分享他们的观点和问题，不用担心带来消极后果或招致评判。"

我们在咨询工作中惊讶地发现，高绩效工作团队中往往存在许多的分歧和激烈的辩论。这些团队的成员表示，在高度信任、高度坦诚的团队中，辩论受到大家的欢迎，它可以推动大家创造性地解决问题，极大地激励团队成员。毕竟，我们在生活中的其他方面不都会遇到辩论吗？ 我们发现，当员工能够自由地发表意见，知道自己的声音会被听到，参与度就会提高，心理安全感也会增强，随着时间的推移，自信心和归属感也会有所提升。研究表明，大力交流竞争性观点可以在许多方面提高团队绩效，尤其能够激发令人振奋的新点子。

优秀的领导者通过以下方式促进这一点：

- 鼓励在安全的环境中进行健康良好的讨论。
- 为辩论制定基本规则，鼓励所有声音。
- 保持辩论过程的平静，给参与者带来秩序和安全感，降低争吵级别。

- 在处理棘手的问题时，要求团队成员用事实阐明观点。
- 在辩论结束后为下一步行动制定清晰的计划和时间表。

可是，对于高度厌恶冲突的员工来说，剑拔弩张的气氛会让他们感到沮丧，乃至逃跑或"原地卧倒"。迪肯补充说，有些人会为了避免冲突而尽量粉饰事实，"他们宁愿撒谎，也不愿进行一场不舒服的讨论。他们通常是讨好型人格、是完美主义者、是高度焦虑的人。他们或者回避，以免传递不受欢迎的消息；或者退缩，因为他们害怕其他人不喜欢或责怪他们"。其他有这些倾向的人则会退而采取消极反抗行为。由于害怕在群体中说真话，他们更愿意把自己的观点留在心里。

少数员工咄咄逼人地或者自信满满地分享他们的观点会让冲突厌恶者感到威胁。为了缓和同事之间的紧张关系，他们可能会尝试平息争论，甚至愿意揽下不属于自己的责任，这就会加剧焦虑。由于非常重视和谐关系，为了维持这种关系，冲突厌恶者通常愿意牺牲许多东西，包括自己的精神慰藉。

有些冲突厌恶者可能在个人生活中也是如此。有的朋友可能会喜欢他们，因为他们看起来非常善良，而有的则会利用他们这种心态占便宜。"我知道杰奎琳对猫过敏，但我们不在的时候，她还是会照顾菲力克斯的。她人很好的。"由于冲突厌恶者很难开口说"不"，也不想惹怒别人，他们便时常感觉自己受到了不公平的对待。

从冲突到合作

值得关注的是，领导如何识别团队建设者与冲突厌恶者呢？有一些线索可以帮助人们发现冲突厌恶者，即：他们回避艰难的对话（即使这种对话是必要的），他们在气氛变得紧张时试图改变话题或逃离现场，他们在员工会议辩论中或在头脑风暴会议上显得无所适从，或者，他们拒绝在会议中表达自己的感受或想法——但可能会在会后表现出消极反抗的情绪，或者因为自己的声音没有被听到而感到不安。

当领导意识到可能存在类似的问题时，可以与员工合作来解决这个问题，帮助员工为自己发声。领导可以帮助员工在对任何有可能违反他们价值观的事情点头称是之前花时间考虑自己的观点，并在受到挑战时坚持自己的立场。

迪肯建议领导者帮助他们的员工懂得：实际上，粉饰太平是一种自私的行为，"坦诚是一种天赋。也许你在尽力不伤害别人，但是，粉饰太平是一种肤浅的企图，目的是让自己看起来更有吸引力。如果你过滤掉坏消息，就是在毁掉别人；如果你为别人提供准确的信息，即使那不是他们想听到的，也是在帮助他们更好地进行判断"。

在某些案例中，我们发现整个团队或整个企业的文化都属于冲突回避型，对于那些希望团队打破现状的员工来说，这是一种极大的打击。在这种文化氛围下，为了提高包容性，领导在引导小组讨论时起着至关重要的作用。FYidoctors 公司总裁达西·费尔洪已经开始享受这种引导过程。他告诉我们："我们现在是通过 Zoom 会议工作，这意味着不是每个人都能够（或将能够）参与对话。在一次重要的会议上，我强烈地感觉到——我们没有充分利用每个人的智慧。所以，在会议即将圆满结束时，我停下来问每个人，'你们对这个话题还有什么想说但没有说出来的看法吗？'事实证明，这是一个改变游戏规则的提问。我们之前已经做出了一个决定，但在短短 10 分钟内，根据大家的回答，我们调整了这个决定，通过更加深入的思考使它变得更好。"

费尔洪补充说："在电话会议结束后，我收到了来自员工的电子邮件，他们说我的提问证明了我强大的领导能力，因为这让每个人都参与进来，而我乐于接受他们的意见。这让我静下心来，也意识到，我们的整个领导团队在所有重要决策上都需要采取类似的包容态度。确保所有人都有机会建言，帮助员工应对某个关键决策可能给他们带来的不确定感，让他们更多地感觉到自己是解决方案团队的一分子。"

马克·贝克（Mark Beck）是一位在不同领导职位上均采用包容性态度的经理，我们与他见面时，他正任拥有7万名员工的科技公司——丹纳赫公司的高层领导，而现在，他拥有多家精密制造公司，名叫"B-Squar精密集团"。贝克说，开会时，为了鼓励健康的辩论，他可能会站在观点受到攻击的人那一边，即使他不一定同意这个观点。这不是耍手腕，而是为了表明那个人提供了一种合理的思考方式，应该受到尊重。"当领导者这么做时，攻击者通常会稍退一步，缓和他们的语气。"他说。

贝克保证员工继续提出自己观点的另一种方式是："当所有的论点浮出水面后，领导者必须做决定。"他说："即使不分出表面上的输赢，仍然有办法做决定。领导者可以这样说：'我能看出来，双方的论点都很精彩。两种做法各有各的道理，但我们得做个决定。下面讲讲我认为我们需要这么做的理由。'这样一来，员工在下一次的辩论中就不会害怕表明立场了。没有人会觉得自己好像打了败仗，每个员工都知道领导欣赏他的诚实意见。"

冲突回避者与和平调解者

在此,我们不希望贬低一个团队中的和平调解者(和事佬)的作用。和平调解不仅可以是个人职业发展的一项资本,也是整个团队的财富。一个天性不爱冲突的人,在适当的环境下,可能会成为修复团队破裂关系的重要角色。

耶鲁大学艾玛·塞佩莱(Emma Seppälä)博士和密歇根大学金·卡梅伦(Kim Cameron)博士的研究表明,对团队产生积极影响的员工会促进团队和企业中其他人的联系。他们具有高度的同理心,会竭尽全力帮助他人,他们有助于营造安全的团队文化,可以鼓励团队成员交流自己的想法,即使这样的交流非常艰难。

在塞佩莱和卡梅伦看来,在必要的辩论中,理想的角色是"和事佬加硬骨头"。这是一个精彩而均衡的定义,因为,如果和事佬避免冲突的愿望过于强烈,就很有可能做过头,导致内心开始自我批评,承受严重的情感内耗与焦虑不安。我们采访过很多高度焦虑的人,他们坦承自己对团队中的冲突或与家人的冲突感到内疚,因为无法为周围的人营造和平安宁的氛围,无法解决每个人的问题,他们感觉自己很失败。

工作中还会出现另一个问题,由于和事佬太过努力地与人和谐相处,反而会成为超额工作的垃圾场。例如,他们可能会自愿为不堪重负的同事收拾烂摊子,而这使他们愈发焦虑。

最具讽刺意味的是，冲突回避者为了逃避冲突而做出的种种努力往往不会减轻他们的焦虑，反而会加剧焦虑。厌恶冲突往往是一种对他人过度关注的不健康症状，表现为过分关注别人对自己的看法，内心深处认为自己不够好；或者是觉得，除非别人觉得和你非常意气相投，否则不会喜欢你。因此，领导者更有理由确保每位员工都能发言、每个意见受到重视。

另一方面，团队中存在一些强势的人，这些人可以制造紧张气氛，冲突似乎是他们成长的沃土。这种自以为是不容忽视（确实如此），领导必须介入并设定界限（比如在会议中不能打断发言者），给其他人同样多的时间，领导应礼貌而坚定地打断浪费时间的人的发言，引导谈话方向。同样重要的是，领导要与这些强势的人进行一对一会谈，帮助他们理解为什么需要在辩论中听取每个人的意见，同时给他们宣泄的机会，在不占用宝贵的团队时间的情况下把所有想法和点子都表达出来。

千禧一代与冲突

年轻的员工更容易在人际交往和冲突解决方面陷入困

境。我们会见过的一些年轻人承认，如果他们和谁有问题要解决，他们更愿意给对方发短信，而不愿意打电话或面对面交谈。对于他们来说，面对面的交流太私人化了。可笑的是，甚至有一位千禧一代，他就在手机店工作，却说："我希望能关闭手机上的电话功能。"

另一个有趣的点是，许多年轻员工可能会把坚持己见或意见相左误解为谴责，即使对方没有抬高嗓门、没有发脾气也不例外。在我们的采访中，为了说明这一点，一名员工向我们展示了他和40多岁的老板之间一条有趣的短信。他是在一个星期五的晚上收到这条信息的，上面写着：

老板：收到你的报告了。

员工：都还行吧？

老板：还没细看。周末愉快……

这名年轻员工误以为自己的报告有问题，他在周末重读了好几遍，甚至在周日晚上给老板发了一份修改过的报告。我们必须承认，在我们看来，这段短信交流没有任何问题，于是，安东尼不得不为我们（一个X世代和一个婴儿潮世代）做翻译。

安东尼解释了这名年轻人对第一条短信的反应："发短信时，句号可能意味着坏消息，在这个案例中，句号被理解为'讨论结束'。但最大的问题是，老板没有说一句'谢谢'或'准时提交，干得好'。根本没有任何反馈。"

至于老板的第二条短信就更糟了。"那个不祥的省略号到底是什么意思？周末过后究竟会发生什么事呢？"安东尼问道，"如果没有任何非语言环境来限制标点符号的含意的话，焦虑的读者很容易把信息中含糊不清的部分理解为不同意。"

他继续说道："训斥不一定和音量有关系。这是一种感觉，'你在对我发话，不是在和我对话'。"

我们鼓励这名年轻员工与他的老板就短信问题进行（当面）对话。后来他反馈说，他的老板非常欣赏这次反馈，并且说，他不知道自己的短信可以这样解读。事实上，如果要问这位领导当时到底在思考什么，那就是他认为自己在鼓励这个年轻人，因为他按时完成了任务。老板答应以后发短信会多加注意。

辛辛那提心理学家琳达·格拉维特（Linda Gravett）指出："将这类代际问题视为职场的多样性问题……公司可以更好地帮助千禧一代以及所有员工。"年龄、教育、沟通方式都是多样性的维度，我们需要从这些角度进行思考。

HR Acuity的首席执行官黛布·穆勒（Deb Muller）指出，年轻员工大多非常重视和谐，希望在一个感觉良好的地方工作。"面对面交流的缺乏，以及对和谐的强烈渴望会催生一群非常厌恶、甚至是极度厌恶冲突的人。"她建议领导者尝试帮助员工理解为什么冲突可以成为良好转变的必要催化剂。"任何能够直接表达担忧或正确应对冲突的员工都应该受到鼓励,获得掌声。"

我们曾经看到领导公开鼓励并奖励这样的行为。例如,如果团队中没有人站出来质疑现状,他们会要求一两个员工在会议中充当对手,与老板进行辩论,以鼓励这种行为。

最后,领导必须在这个过程中以身作则,勇于接受新思想、新挑战。谷歌前高管培训和发展主管大卫·B.彼得森(David B. Peterson)博士告诉我们:"如果你不是真心感到好奇,不愿意改变思路,员工是能看出来的。'反正你只会按自己的想法来,那还征求我们的意见干吗?'"

他补充说,大多数领导经验更丰富、视野更开阔、掌握更多信息,如果他们询问一些自己不愿使用的信息,那就是不诚实。他说:"当你面对复杂环境,当你眼前一片迷茫,当你得不出答案时,对话、交流和参与就显得十分重要。"在这些时候寻求反馈不仅能带来真正的突破,还能营造一种让每个人都有价值感、参与感的氛围。

下面我们列出了一些方法,领导可以通过这些方法指导员工表达自我,开诚布公地解决问题。

方法一：陈述问题、价值观、解决方案

针对复杂问题，简明扼要的语言会大有帮助。"山姆，你去兰德可思公司做了销售拜访。"就像这样，知道多少说多少，不要把事情复杂化。如果山姆觉得自己受到了针对个人的攻击，可能会转为防卫态度，所以，将这个问题与你想要的团队文化联系起来非常重要。接下来，谈论受到威胁的团队价值观。"既然兰德可思公司在我的管辖范围内，我就不免觉得，这不符合我们的'共同工作'价值观。"如果没有"共同工作"这个核心价值观，山姆的行为是完全正当的。最后，你们一起开动脑筋寻求解决方案。"我们能不能想出一个方案来推进这个大项目？"这个从问题到价值观到解决方案的流程很有帮助。如果你先发制人，开口就指出山姆违背了某个价值观，例如："山姆，我希望和你谈一谈我们的共同工作价值观。"就会给人不明所以的感觉，山姆就要做填空题了——他必须猜测你接下来会说什么，也许是消极的东西。如果你先陈述事实，就不会引发焦虑；如果你试图解决问题，但却没有明确地讨论问题本身以及问题对团队价值观的影响，例如："山姆，我们要对兰德可思公司做点什么？"那么，你可能永远也不会知道山姆的真正动机。

方法二：不拖延

"尽管推迟一场艰难的对话可能会暂时缓解焦虑的情绪，但它会持续发酵，问题愈演愈烈，项目会偏离轨道甚至是直接失败。"从事领导力开发的 Paravis Partners 公司执行合伙人艾米·J.苏（Amy Jen Su）如此表示。当领导本人展示出率直的本质，以关心、同情和直接的态度立即解决问题，整个团队就会传遍这样的信息：率直是恰当的行为。

此外，与冲突厌恶型员工共事时，她可能会让这些员工考虑：在立即处理冲突和推迟冲突这两种做法中，哪一种能提振信心？员工在会议期间是否需要支持？或者，是否需要演练发言内容？员工是否考虑过，不及时面对问题会使哪些业务面临风险？

方法三：坚持事实

领导者应该教育员工在发生冲突时提供有关问题的证据。"通过指出姓名、识别事件、描述情况和说明行为，领导者力图把握基本事实"，《量子领导力》（*Quantum Leadership*）一书的作者蒂姆·波特-奥格雷迪（Tim Porter-O'grady）和凯西·马洛克（Kathy Malloch）写道。解决冲突的一个目标是确保所有实际的问题都以足够清晰的方式呈现出来，让所有人都能清楚地看到它们。完全摆明事实后，许多冲突可以以令人惊叹的速度得到解决。既然如此，就要确保员工能够准确地了解事实。同时，还要帮助他们了解你希望他们如何研究将要讨论和辩论的问题，例如，讲明你心目中的可信来源（内部报告，行业期刊）和不可信来源（维基百科、社交媒体）。

方法四：运用语言

哈佛商学院的艾米·埃德蒙森告诉我们，领导必须教授员工鼓起勇气"用自己的语言"传达他们看到的、想到的、担心的和需要帮助的东西。她说："许多领导者没有认识到在人们本可以畅所欲言时保持沉默的后果。令人惊讶的是，语言的运用往往受到人际焦虑的阻碍。"这并不意味着会议必须陷入无休止的澄清和讨论，令人心安的会议不一定时间更长。这意味着领导必须表现出脆弱性，承认自己并非无所不知。否则，人们就会默默估量当前的形势："如果我感觉你认为自己不是和大家一样容易犯错误的人，我肯定不打算冒这个险。"她还说，这意味着领导者必须提出一些基本问题。"大多数人都会对真诚、直接的提问给出反馈，如果别人问我有什么想法，不开口回答就太不合适了。"

方法五：假设积极意图

团队领导还可以教授员工，当与其他员工辩论或面对棘手的问题时，可以重点假设每个人都有积极的意图，每个人都希望做对整个企业来说正确的事，并且大家会从不同的角度看待问题。简而言之，可以质疑别人的事实或想法，但不能质疑他们的动机。针对这种观点，我们以民主党人乔·拜登（Joe Biden）在2018年为共和党人约翰·麦凯恩（John McCain）献上的悼词为典型例子（出于公平，我们将在第八章叙述一位共和党人的例子），拜登的开场白是这样的："我是民主党人，我爱约翰·麦凯恩……我一直视约翰为兄弟，我们有过很多家人般的争吵。"拜登提到，在他和约翰还是资历尚浅的参议员时，人们认为质疑反对派的判断无伤大雅，但千万不要质疑他们的意图。他说，这种做派最终变了，党派之争成为当今主流。"我们今天所做的一切无非是互相攻击，攻击对方的动机，而不是对方的实质论证。约翰在参议院斗争到最后一天，他的目标是恢复你们所说的正常秩序，是让两党重新像以前一样……（从前我们会看到）泰迪·肯尼迪（Teddy Kennedy）和詹姆斯·O.伊斯特兰（James O. Eastland）在民权问题上斗得死去活来，事后却到参议院餐厅共进午餐。"

方法六：制定计划

我们建议领导者，在团队开始应对挑战之前，要指导那些冲突厌恶者制定计划、排练对白、着重利用他们收集的真实信息。例如，你可以帮助一个员工这样表达自我："由于你没有按时完成分内的研究工作，我为了赶在最后期限前完成任务不得不连续一个星期熬夜工作。"这里，在清楚地表达担忧的同时也提及了现实的工作量，为讨论价值观和解决方案（而不是讨论问题本身）打下良好的基础。此外，即使第一次谈话似乎进展顺利，也要制定追踪计划。毕竟，有关人员可能会有其他想法。要么，他们会在脑海中重现这次对话，改变自己的观点；要么，他们会与他人探讨，做事后诸葛亮。我们都认为，如果没有后续追踪，积极的解决方案就会开始恶化。

方法七：取与舍

领导者必须帮助员工明白，妥协在任何辩论中都是不可避免的，最终的赢家必须是团队，不是个人。波特-奥格雷迪和马洛奇说："每一方都在寻求某种东西，除非得到这个东西，或者为了另一样东西而心甘情愿地放弃这样东西，否则冲突不会结束。"这意味着每一方都必须能够清楚地解释他们想要什么，每一方在结束冲突时都必须感觉自己得到了有价值的东西，而另一方得到的至少也是能接受的。这并不意味着每个人得到的东西都相等或正好是他们想要的，但它必须足以让相关人员感到满意，必须对整个组织而言是最好的结果。

方法八：适应不适

当然，即使计划周密，艰难的对话仍然可能恶化为争执、互相伤害感情或拒绝交流。领导可以模拟多种场景，帮助员工为最坏的情况做准备，有备则无患。Paravis Partners公司的艾米·J.苏说："当情况变得棘手时，不要因为试图缓和局势而改变你的意见，不要为了打破沉默而开始滔滔不绝，不要搜肠刮肚地寻找话题进行交流。你应该给对方足够的时间来消化你所说的话。"因此，如果另一方开始自我防卫或情绪激动，领导者应该指导冲突厌恶者承认这种紧张局势，给对方喘息的机会。在辩论中，当事情变得棘手时，领导者还可以用一些语言帮助团队成员，比如："好的，谢谢！我明白你的意思。这有助于我了解你的立场。"或"为了让我更好地理解你的方法，你能给我提供更多背景信息吗？"通过这种方式，人们能怀着同理心倾听，不是为了获胜，而是为了获得理解并实现团队的目标。

综合运用

通过这些方法，领导可以为推动健康的辩论，却不用强迫团队成员改变核心角色。这能够帮助人们了解，意见分歧不一定意味着双方进入战争状态，辩论不是为了证明谁对谁错，而是健康工作文化的一部分，是为了挺身而出表明你的是非观点，同时敞开胸怀进一步了解别人的观点和意图（这不同于电视中看到的分裂的辩论，也不同于激情四溢的家庭聚会，在这些情况下没有人愿意学新东西，只是把他们的观点强加于人）。健康的辩论是为了确保每个人诚实地面对问题，这样我们才能相互学习，然后规划出可预见的、最佳的未来道路。

作者利兹·怀斯曼对这一点做了完美的总结，不是因为她曾经任职甲骨文公司高管，而是因为参加了一群三年级学生的辩论活动，是这些学生教会她如何进行出色的辩论。她曾在女儿的班级里做志愿者，进行一个叫"青少年好书辩论"的活动，"三年级的学生会读一个故事，然后老师希望他们就这个故事进行辩论。我以为这挺简单的，但我被派去参加了一天培训，学习如何做这份工作。"

怀斯曼学习了辩论的三条规则：第一条，领袖的任务是提出问题，但绝不回答。第二条，要求辩方提供证据。例如，"一个孩子说杰克爬上豆茎是因为他贪婪，我会说：'你有证据吗？你能证明吗？'在最初几个回合中，孩子们很害怕提出自己的依据。接着，他们明白了，没有依据就不要提出观点。于是他们会翻到第十八页，指出杰克偷了母鸡和竖琴，所以他们才这么认为。（我们希望每一位领导都能记下这个思路，以便在做任何决定之前推进对话。）第三条：询问每一个人的想法。老师教怀斯曼把每位学生的名字列在一张表格上，每当有人发言，就在名字旁边打个钩。"我在想，我可以用大脑跟踪记录这些信息呀！不过我还是按照老师说的试了试，效果果然不一样。这样我就可以说：'罗伯特，我们已经听你发言两次，但是马库斯，我们还没有听到你的发言。请先说说你的看法，说完我们再继续。'这样所有人都能参与进来。"

怀斯曼告诉我们，这些辩论技巧让她立刻成了一个更好的领导者。

第6章 从避免冲突到健康辩论——焦虑与冲突

管理健康的辩论

- 如今,许多人都是冲突回避者——回避令人不舒服的场合,不愿给出诚实的反馈。
- 充满信任和坦诚的团队是最好的团队,团队成员通过辩论推动问题的解决。当员工可以自由地表达自己的意见、知道自己的声音会被听到,参与度就会提高,心理安全感也会增强,随着时间的推移,自信心和主人翁意识也会有所提升。
- 领导者要鼓励安全环境中的辩论,制定基本规则、鼓励聆听所有的声音、缓和争吵、要求团队成员用事实来阐明观点、制定清晰的前进计划和时间表。
- 领导在下列情况下可以发现员工厌恶冲突:员工回避艰难对话,在气氛变得紧张时试图改变话题或逃离现场,在辩论中显得无所适从,拒绝在会议中表达自己的感受或想法。
- 领导可以通过多种方法指导员工表达自我、完成艰难谈话:

(1)陈述问题、价值观、解决方案;

（2）不拖延；

（3）坚持事实；

（4）运用语言；

（5）假设积极意图；

（6）制定计划；

（7）取与舍；

（8）适应不适。

第 7 章
结盟——焦虑与偏见
帮助团队边缘成员获得价值感和参与感

认可同胞的价值,就是向自己致以最高的敬意。

——瑟古德·马歇尔(Thurgood Marshall)

我们的职场文化中仍然存在偏见，许多领导并不完全理解这一点，有些人甚至根本不相信，何其不幸！他们认为人们对政治正确过于敏感，因而对此不屑一顾。然而，在为撰写本书进行采访时，我们发现：在职场中有一些特定群体，他们总是在他人影响下感到自己像"其他人"，长久以来一直感到焦虑。他们大多是女性、有色人种、LGBTQ+群体、宗教少数群体和残疾人（注意，此分类不详尽）。这些群体在全世界都面临着独特的、普遍的压力，这些压力反映在工作场所中，对他们的工作效率、敬业程度以及企业的发展都有重大影响。

身为领导者，了解如何与所有人结盟、如何促进多元化和包容性的对话是改变的起点。

我们撰写本章不是要讨论这些群体发出的呐喊以及他们的见解，而是为了展示边缘群体因歧视而产生严重职场焦虑的具体现象，这些现象令人瞠目结舌。我们将强调这些群体的想法，以便竭尽所能地帮助领导了解如何帮助这些人健康发展。

并非所有焦虑都一样

心理健康问题不分种族、性别或身份，任何人都有可能焦虑。但是，社会经济上的差异（例如被排除在医疗、教育、社交和经济资源之外）往往会影响少数族裔的健康。例如，根据哥伦比亚大学欧文医学中心托马斯·万斯（Thomas Vance）博士的研究，黑人产生严重心理健康问题的概率比其他群体高出20%，然而，每年只有30%的黑人患者接受治疗，而美国接受心理健康治疗的平均率为43%。

万斯指出，黑人心理健康问题频发与缺乏医疗资源、日常生活中的偏见和种族主义以及经济不安全、暴力等各种问题有关。

同样让人吃惊的是LGBTQ+群体的心理健康问题，这也是领导者必须考虑的。美国最高法院直到2020年才为这些人提供了最低程度的保护，按1964年民权法案规定，保护男同性恋者、女同性恋者和跨性别者免受性别方面的歧视。等待法律保护对于任何一个人来说都是一段漫长的时间，更不用说一个约占成年工作者5%的群体了。

"LGBTQ+人群经历的偏见和歧视给他们带来了长期的压力，会导致健康问题。"都柏林科技大学的凯茜·凯莱赫（Cathy Kelleher）这样说，她研究发现，在男同性恋和女同性恋中，心理痛苦与偏见带来的压力有关。事实上，研究表明，高达60%的LGBTQ+人群在他们生命中的某个时刻会经历焦虑和抑郁，这一比例是异性恋人群的2.5倍。

咨询心理学家布拉德·布伦纳（Brad Brenner）博士说："如果某人是LGBTQ+，我敢打赌此人非常擅长解读形势，以此判断能否安全地做自己。这种技能是有代价的，因为这是在长期遭受偏见和歧视的情况下形成的。渐渐地，很多人会认为自己劣迹斑斑、不招人爱、不值一文、没有希望。"

心理学家将这称为"少数族群压力"，研究表明，它对心理健康和幸福感具有强大、持久的影响，对于与焦虑做斗争的人尤其明显。污名是一个重要问题，如果员工不能谈论真实的自己，很可能他们每天感到的焦虑和不安会愈发强烈。

我们采访了为《哈佛商业评论》撰写过大量LGBTQ+相关文章的知名作家多里·克拉克（Dorie Clark），她解释道："隐藏的压力会极大地分散人们的注意力，消耗人们的工作精力。上过初中的人都知道,当你过于关注别人对你的看法时,肯定会导致焦虑。"

她补充说,领导可以帮助消除这种担忧。制定反歧视政策是最基本的做法,除此之外,团队领导还可以为边缘群体发声,与团队开展包容性对话,将所有与这类人群相关的投诉视为严重问题(即使是看似微不足道的问题)并立即进行调查。

"人类非常擅长识别他人身上的蛛丝马迹。如果你隐瞒了什么,别人通常都知道,"克拉克补充道,"他们可能不知道具体隐瞒了什么,但知道你看起来很警戒。说你是同性恋(或者其他什么身份)通常是最无伤大雅的了,因为人们可以编造出一百万件坏事:'这个人是个势利小人''他们认为自己高人一等',或者更糟糕的是,'他们做错了什么事却不想让我们知道'。"

隐瞒真实身份这个问题不仅属于 LGBTQ+ 群体。德勤大学领导力中心指出,61% 的员工表示他们会以某种方式隐藏自己的部分身份。例如,一位上班族妈妈为了显得对工作更认真,可能不会谈论自己的孩子;一个男同性恋可能不会在工作场所展示伴侣的照片,甚至不会在社交媒体上展示。

当领导营造出一种能让员工自由自在地展现自我的文化时,每个人就都能够将所有的注意力集中在工作上,绩效也会急剧提升。无论团队领导是否属于少数群体，都可以至少分享一个隐瞒身份的行为事例，从而显示自己的脆弱。

说到这里，请注意！没有任何人希望别人通过身份这个单一维度来定义自己，比如"黑人"或"同性恋队友"，这也意味着领导不应该要求个体代表其所在的整个群体发表观点。LGBTQ+、黑人并不是无懈可击的巨石。毕竟，没有人会这样提问："杰瑞，你是白人，白人会怎么看这个产品？"领导的作用在于承认每个人都有差异，而差异人群在整个常规人群中只占一小部分。

噢，总而言之，领导没有任何权力"排除"没有准备好的员工。

我看不出肤色（以及其他愚蠢的发言）

星巴克前CEO霍华德·舒尔茨（Howard Schultz）在市政厅的一次活动上说，在种族问题上，他不看肤色。"我在一个非常多元化的背景下长大，我小时候看不出肤色，现在也看不出肤色。"舒尔茨说。

活动家弗朗切斯卡·拉姆齐（Franchesca Ramsey）说："说这种话的人通常是善意的，他们想让你知道，他们绝对绝对不是种族主义者，他们甚至无法想象种族主义存在于现实生活中。但他们实际上说的是种族认同不好,而不是种族压迫不好。它暗示人们的经验是不正确的,或者说完全不真实。就像当你戴着眼镜,而我却说'我甚至看不见你的眼镜',这并不意味着你突然视力变好,只是我在否认。否则我自己也需要戴眼镜。"

《肮脏的多元化》(*Dirty Diversity*)一书的作者贾尼斯·加萨姆(Janice Gassam)博士说,否认存在会给多元化和包容性努力带来麻烦。"任何视力正常的人都能分辨、识别出不同。如果你不相信自己亲眼所见的事情,怎么可能改变它?重要的是,要明白我们的目标不是成为色盲,而是看见并识别皮肤颜色,但控制和调节看到这些特征时做决定的天生冲动。"

加萨姆当然是正确的。我们都能看出肤色、身高和体重。记得有人告诉我们他们是LGBTQ+群体或少数宗教团体的一员,必须承认,我们每个人对这些群体中的人都怀有先入为主的观念和期望。当某些群体或个人被疏远时,视而不见便意味着缺乏同理心。我们不应该害怕在自己身上发现内隐偏见,实际上,我们应该找出这种偏见,以便甩掉各种鄙陋的期望。

研究内隐偏见的两位主要学者——社会心理学家马扎林·R.贝纳基(Mahzarin R. Banaji)和安东尼·G.格林沃尔德(Anthony G. Greenwald)在其合著的《盲点:

好人的潜意识偏见》（*Blindspot: Hidden Biases of Good People*）中谈到了这一点。他们说，内隐偏见会影响那些承认对这种态度深感惶恐的人。他们引用了皮尤研究中心的一项研究，研究人员通过模拟测试发现，只有20%的成年亚裔美国人和30%的成年白人在测试中未表现出任何潜意识的白人和亚裔之间的种族偏好。在衡量白人和黑人之间的偏好时，只有27%的成年白人和26%的成年黑人没有表现出内隐偏见。

在另一版本的测试中，研究人员将著名的亚裔美国人宗毓华（Connie Chung）、张德培（Michael Chang）、克丽斯蒂·山口（Kristi Yamaguchi）和其他国家的白人休·格兰特（Hugh Grant）、卡特琳娜·维特（Katarina Witt）、杰拉尔·德帕迪约（Gerard Depardieu）作为测试案例，让测试者将这些人与国家的象征连接起来，并对连接速度进行计时。研究人员发现人们更容易把休·格兰特和美国的象征连接在一起，而不是宗毓华。"这表明在很多人心目中'美国人'就是白人。"贝纳基说。

形成内隐偏见的起因是，人类需要快速处理信息，以便迅速做出决定，大脑不断地使用捷径来寻找我们接收到的数据之间的联系。例如，如果我们正在过马路，看到角落里有一个移动的模糊物体，我们的大脑会很快将它与一辆正在开过来的汽车联系起来，然后我们会立即跳开，防止生命受到伤害。可不幸的是,内隐偏见作用在人身上便会形成刻板印象。仅举一个例子,人们倾向于认为,计算机编程工作多由男性完成,而女性难以胜任。因此,当女性面试相关工作时,就可能会注意到面试官的犹豫不决,导致信心受挫,影响面试表现。

尽管我们怀着最好的意图,下定决心要做到客观和公平,但是无意之间,成见和假设就会轻而易举地潜入我们的头脑,影响我们的行为。这种现象非常普遍,因此,今天美国有20%的大型公司为员工提供内隐偏见培训,50%的公司表示将在未来几年内提供这种培训。星巴克最近关闭了所有门店,对员工进行强制性的种族偏见培训。这是好的开始。如果不消除偏见,就会影响工作关系和信任,削弱多元化人才招聘和其他包容性的努力,影响晋升和职业发展机会。

LifeGuides总裁兼首席执行官德里克·伦德斯滕(Derek Lundsten)认为拥有差异是好事。"不一定非得是有色人种、具有某种身份或某种性别的人才能体会局外人的感受。在一个组织中,领导工作的一部分是营造一个赞美差异的环境。差异——不同的方法、想法和背景让工作变得有趣、令人兴奋。"

当我们与边缘群体交谈时,他们指出,关于消除偏见,希望领导能明白:第一,不要试图说服一个来自边缘群体的人将他们生活中的所有失败归结于他们自己的问题（贫穷、父母去世、有学习障碍等等），这不是比赛。第二，不要说什么"我赌你的女儿是同性恋"，或者"我赌你有很多黑人朋友"。第三，要有同情心，但不要被种族主义或其他形式的偏见"震撼"。如果对此感到震撼，说明你一直在主动忽略正在发生的事情，因为它没有直接影响到你。第四，不要鼓吹你对这个问题的"清醒"认知，不如表现一下你的"清醒"做法（后文马上就会讲到具体做法）。

HubSpot公司首席人力资源官凯蒂·伯克（Katie Burke）表示："结盟是一个动词，以自我意识和同理心的结合为开端。你必须采取这样一种心态：不断学习，不断成长，改进自己为他人着想、为他人出力的方式。这是一项终身事业，目的是与边缘个体或群体建立基于信任、包容和责任的关系。"

作为领导者，我们有责任确保那些需要支持的人不感到孤独，杰克逊咨询集团首席执行官兼高管教练特里·杰克逊（Terry Jackson）这样补充道："你的员工每天都要处理社交上的问题，这些问题会影响整个企业的生产力和敬业度。如果你是一个高情商的领导者，就会理解这些事情对脆弱的员工会产生怎样的影响，如果你不面对这些问题，不讨论这些问题，不努力解决这些问题，就是站在历史错误的一边，因为我们正处在一个转折点，每一个人都愿意参与对人类有益的事业。"

为了按照杰克逊的建议行事，领导者必须先相信那些声称自己因为种族主义、性别歧视或其他歧视而受到伤害的人。例如，2020年的"黑人的命也是命"抗议活动并不是借端生事，它暴露了美国长期忽视的一根神经。作为关心员工生活和情感体验的领导者，我们需要相互扶持。毕竟，任何群体中的"唯一的人"都可能会感到孤独和被孤立，尤其是在没有人为你说话、没有人相信你每天面临的挑战的时候。

"随着越来越多的公司试图建立更多元化、更具包容性的员工队伍，需要从根本上改变的是，要有人在这类人群的归属问题上发声。"HubSpot的伯克说。

谁呢？那就是领导者。

真正的领导力

哈佛商学院教授罗莎贝丝·莫斯·坎特（Rosabeth Moss Kanter）说："当其他人保持沉默时，站出来反对自满和不公需要勇气。而这就是领导力。"可悲的真相是，人们总是期盼那些边缘群体自己为自己发声反对不公。通常，同事和领导都不相信他们。更糟糕的是，这种形势助长了旁人的气焰。作为领导者,我们没有花足够的时间来思考如何解决每天发生在我们的工作场所、深深影响着边缘人群的"微侵犯"。

从定义上讲,"微侵犯"就是各种偏见,它们往往以一种微妙的方式表现出来,让人感觉不舒服或受到侮辱,"冒犯型"(一名"黑人"男子注意到一名独身"白人"女子在他步入电梯时畏缩不前;或者一名女子试图在会议上发言,但无法在众多男同事中插入只言片语)、"奇怪型"(一名男同性恋者被告知他必须爱某位音乐家,或一个坐轮椅的人被开玩笑说"慢着点,赛车手")都在此列。我们有一个年轻的朋友说,她在一所大学做助教时,教授向班级介绍她的时候说了这样的话:"我想让你们都享受这堂课,所以找来了一位美女。"她知道教授这样说并不是有意伤害她,但这大大加剧了她的焦虑,让她对自己的能力感到怀疑。她其实是一名合格的研究员、讲师,但教授一开始就把她说成了一个花瓶。试想一下,如果教授在讲座开始时对她的研究和教育成就大加褒奖,她应该会更好地投入工作。

这种"活该千刀万剐"的行为往往被视而不见,而那些受到侵犯的人则被认为"过于敏感"。然而,研究表明,微侵犯可能会对受害者的心理健康造成伤害,导致愤怒、抑郁,并可能降低工作效率、削弱解决问题的能力。马凯特大学的一项研究提供了强有力的证据,表明微侵犯行为不仅会导致抑郁和创伤加剧，还会让受害者产生自杀的想法。

以下是边缘人群及其盟友中的权威人士为我们提供的一些方法，帮助那些"局外人"在团队中获得价值感与参与感。

方法一：倾听

"如果某人鼓足勇气与你分享他们独特的体验和观点，请对此表示尊重，并在团队会议中、业务工作交往中为此创造分享的空间。"HubSpot 的伯克说。这意味着你认真倾听了这些经历。

康明斯公司北美区发动机及发电业务部执行董事兼人力资源主管伊芙琳·沃尔特（Evelyn Walter）在 2020 年"黑人的命也是命"抗议活动之后寻求倾听。康明斯是财富 500 强企业之一，在全球雇有六万名员工，拥有六大核心价值观，其中之一就是多元与包容。因此，沃尔特告诉我们，她在这次活动中感受到了公司的支持，可以给她的每一位黑人员工送上一张手写的卡片。

"我拿到了他们的家庭住址，然后写了很长一段话告诉这些员工，我想如何支持他们。"沃尔特说，"我问及是否能为他们及其家人做些什么。周五的时候，我收到了一个名叫梅赛德斯的女员工发来的电子邮件，她说自己很乐观，'把生活给的柠檬全部做成柠檬汁。'她十分感谢领导能够特别关照她和她的家人。她说,'我看到了您的领导力,我知道您是真诚的'。这听起来充满友善,却也令人担忧,因为这说明她还认识一些不那么真诚的人。"

沃尔特补充说,在周六早上写几十张便条的行为鞭策她去建立更多联系。"我想多确认一下。我的拉丁裔员工情况怎么样?我团队中的同性恋员工情况怎么样?这就是这件事给我带来的影响。"

HubSpot 的伯克为这种思想做了补充。她曾在自己的公司担任 LGBTQ+ 执行发起人,但觉得自己不太了解那些跨性别者的体验,也不知道如何为他们提供最好的支持。她花时间研究这个问题,耗费数小时倾听她所钦佩的跨性别同事们倾诉。在这个过程中,她学到了首选代词用法等知识,懂得了如何成为一个能提供更多支持的同事、朋友和领导。

承认自己并非无所不知、足够脆弱,能够消除你的盲点,这是与边缘群体结盟的重要任务。是的,我们大多数人在这个过程中都会犯一两个错误,但通过倾听和学习,我们将了解如何更好地帮助身边的每一个人。

方法二:提供"赞助"

《更好的盟友》(*Better Allies*)一书的作者,Adobe 公司工程部前副总裁凯伦·卡特林(Karen Catlin)讲述了她职业生涯早期在一家软件公司工作的经历,这家公司后来被一家更大的公司收购了。"在收购后的前几个月，我注意到了一些事情。我的新经理迪格比·霍纳（Digby Horner）在收购方工作多年，他在会议上说了一些这样的话：'我从凯伦身上学到的是……'这样一来，迪格比帮助我在新同事中建立了信誉。他作为盟友采取行动，利用他的特权'赞助'我。他的公开表示非常重要，让我感觉很棒。"

我们从这个案例中学到了两点。第一，迪格比赢得了很好的名声；第二，也是最重要的一点，当盟友承担起"赞助者"的角色时，他们会在各种环境下（尤其一些有助于提升同事声誉度的环境），口头支持边缘同事的工作。这不是迎合，而是对人员专业技能的真诚宣传。

领导者的目标是支持常见的边缘群体。例如，阿德里安一直应邀在"女性餐饮服务论坛"上发表关于企业文化的主题演讲，该论坛是一个旨在提升餐饮服务领域女性领导者能力的行业组织，每年有 3000 名与会者来到这里聆听名人发言，如布琳·布朗（Brené Brown）和马娅·安杰卢（Maya Angelou）。阿德里安从与会者身上获得启发，并发现了一个重要的现象——大约 10% 的与会者都是男性领导，他们在这里学习，并支持公司的女性员工取得更大的成功。这些人不是仁慈的施主，而是明智的领导者，他们有意投资并仰仗员工的技能，以期为企业实现更大的目标。

方法三：为员工挺身而出

得克萨斯农工大学组织心理学助理教授艾萨克·萨巴特（Isaac Sabat）说，好的盟友不会躲在暗处，相反，他们会通过行动来表达支持，甚至通过各种看似很小的事情来表达自己的态度，例如参加活动、在聊天群里发表评论或在工位上贴贴纸等。他说："研究表明，面对不良行为，来自盟友的即时反应（对某人冷漠的言论做出回应，或请大家注意房间里缺乏少数群体代表）会更有效。"例如，如果一个有色人种叫喊着这里存在微侵犯，其他队友可能认为他们在抱怨，或是想讨到什么好处，但当盟友指出类似的冲突时，其他人通常会视其为真正存在的客观问题。

"如果你能表明盟友身份，人们就会知道，你是支持他们的，一旦有事你将出手相助。"然而，萨巴特指出，仅仅表现一次是不够的，盟友关系随着领导者职业生涯的变化而不断发展。"要对批评和反馈持开放态度，"他补充道，"如果有人对你'应对某种情况'的方式有异议，或者说了一些有问题的话，请敞开胸怀去学习和成长。"

方法四：拥护员工

YouTube首席执行官苏珊·沃西基（Susan Wojcicki）表示，解决失衡问题需要那些有权力、有影响力的人施展自己的特权能力。例如,"每个企业中,都有很多人(从高级领导到第一次当经理的人)有能力在工作场所拥护女性。"多位科技名人的高管教练比尔·坎贝尔(Bill Campbell)是沃西基的支持者之一。沃西基说:"我了解到有一场只有受邀者才能参加的重要会议,科技界和传媒界的大多数高层领导都将出席,但我的名字没有出现在受邀名单上……很多受邀者都是我的同行(其他科技公司的首席执行官),这意味着在达成协议和制定计划的时候,YouTube 不会有人在场。我开始怀疑自己是否具有资格参加这个会议。但我并没有就此罢休,而是找比尔求助,我知道他影响力很大。比尔立即意识到我应当在这次活动中有一席之地,于是发挥了盟友的作用,然后就在当日,我收到了邀请。"

当盟友承担起拥护者的角色时,他们会利用自己的影响力将来自少数群体的同行引入新的圈子。他们请同行对合格同事(包括不同性别、种族、民族、能力、年龄、体形、宗教信仰和性取向)负起责任;他们积极指导边缘群体,把他们带到自己的关系网中。这意味着他们不仅是幕后导师,还是公共倡导者。他们在挖掘高潜力多元化人才,让他们施展自己的才华,帮助他们克服障碍,并在这些过程中获得极大的满足感。他们发现这种指导行为不仅对被支持者有好处,对领导和企业也有好处。

成为盟友

- 在职场中有一些特定群体,他们总是在他人影响下感到自己像"其他人",长久以来一直感到焦虑。他们多大是女性、有色人种、LGBTQ+群体、宗教少数群体和残疾人。
- 少数群体很多时候不得不隐藏自己的真实身份。但是,当领导们营造出一种让员工能够自在地做自己的文化时,绩效就会大幅提升,因为每个人都能把所有的注意力放在工作上。
- 许多领导者不了解我们工作文化中的内隐偏见之深。微侵犯就是各种偏见,通常以一种微妙的方式表现出来,让人感觉不舒服或受到侮辱。它们会对受害者的心理健康造成损害,降低工作效率和解决问题的能力。
- 帮助团队中的边缘成员获得价值感和参与感的方法有:
  (1)倾听;
  (2)提供"赞助";
  (3)为员工挺身而出;
  (4)拥护员工。

第8章
变排斥为接纳——焦虑与人际关系
帮助团队成员建立社会关系

> 接纳他人，止于至善。
>
> ——克里斯蒂娜·贝克·克莱恩
> （Christina Baker Kline），小说家

康奈尔大学进行了一些有趣的研究，研究人员发现，如果消防员集体用餐，消防队就表现得更好（包括拯救更多的生命）。"聚在一起用餐比聚在一起研究 Excel 电子表格显得更亲密，这种亲密关系会渗透到工作中。"研究员凯文·尼芬（Kevin Kniffin）博士说。事实上，研究人员注意到，在人人单独用餐的消防队问及这种用餐习惯的原因时，消防员往往表情尴尬。"这是一个信号，表明团队的工作方式出现了更深层次的问题。"尼芬博士说。

消防员们聚在一起用餐是每个人都融入团队的重要标志。我们并非建议每个团队每天中午都要一起吃饭，但是，我们与世界各地不同企业合作 20 年的经验可以证明，找到让每个人融入团队的方法有利于提高团队绩效，反之，员工对工作的不满情绪会上涨，员工流失率上升。

人人都有可能在某个时刻受人冷落，被冷落的感觉会唤起不愉快的校园生活回忆。许多文章称职场霸凌会严重影响员工心理健康和团队凝聚力。然而，研究表明，员工之间的互相排斥同样会导致焦虑，却从未得到过任何关注。英属哥伦比亚大学的桑德拉·罗宾逊教授（Sandra Robinson）指出，社交控和职场排斥会给一个人的生活投下阴影，这是因为人有极其强烈的归属需求。罗宾逊的研究表明，71%的专业人士表示他们经历过某种程度的职场排斥，在新冠疫情造成大规模隔离之前也是如此。她补充说，职场排斥可能会给员工造成长期的心理影响。

排斥对任何人都能造成影响，是焦虑的一大诱因。领导者提高包容意识，首先要明白这样一件事：当员工回避或冷落其他同伴时，受冷落的人会觉得自己未被同事完全接受或未受到充分尊重。排斥行为阴险又狡猾：电话没人接、收不到会议邀请和午餐邀约……这样的排斥不仅影响士气，还会影响个人工作效率以及团队达成目标的能力。

缺少什么？需要做什么？

某些时候，排斥并非有意之举。难以察觉的无意之举可谓疏忽之过：没有提供帮助、没有参与对话、没有分享同事友情。怎么能指望领导看到没有发生的事情呢？

实际上，领导可以做许多工作来鼓励建立包容的文化。例如，仔细观察团队中的每一个人，看看谁被忽视了（员工部分或全部远程工作时更显重要），谁经常在小组讨论中被打断，谁经常和谁聊天，谁似乎不与任何人交流。通过观察，领导可以有所发现。但常规的一对一交流可能是了解实际情况的最佳方式：询问员工与其他人的互动情况、是否在某些方面遇到了挑战。

FYidoctors 公司的医生和领导在验光诊所部门、实验室部门和家庭办公室部门贯彻"两个十分钟承诺"。"每天上班的前十分钟，领导会四处走走，向员工友好地问好，以此迎接新一天的到来。"公司总裁达西·费尔洪说，"领导有责任这样做，这能表明领导的领导力和对员工的关怀。一天工作结束前再花十分钟，看看每位员工当天过得怎么样。这种简单的观察所蕴含的力量让我惊叹不已。"

费尔洪补充说："这个过程是为了让领导听到团队成员的故事并建立联系。我们从履行这种承诺的团队中获悉大量积极的反馈，并发现它能帮助减轻焦虑。"

但是，即使领导注意到排斥现象，仍然需要通过具体的方法帮助员工改变感受，从孤立转变为联系、接受。我们并非建议大家强迫某个人去唱卡拉 OK 或参加周五聚餐。建议考虑下面这些方法，以便迅速获得帮助：

- 确保所有员工都在会议中贡献意见，并以冷静的、有组织的方式听取他们的意见。

- 让经验丰富的老员工（同时还要是友好的员工）关照新员工。
- 在每次会议上花点时间认可个人以及整个团队的贡献。
- 增强远程工作员工的参与感。例如，即使有一部分人在办公室里工作，还是要偶尔要求所有人参加线上会议；定期把远程工作员工请到工作场所。

以下是我们采访并合作过的一些领导者使用的方法，这些方法可以非常有效地增强团队的包容性和凝聚力。

方法一：帮助同事建立友谊

Simplus 首席执行官瑞安·韦斯特伍德告诉我们，他在疫情期间与远程工作的员工进行一对一电话会议，有一次他深受感动。"她流着泪对我说，'我已经三个月没有与人拥抱了。'她的几个儿子已经长大，各自生活在不同的州。我的心都碎了。特别是疫情期间，远程工作时，我们必须留意同事的生活处境。"

因此，他的公司为旗下 600 名员工划分了地理区域。在至少包含了十名员工的区域，公司提供经费让员工组织一些聚会，"打打保龄球，做任何想做的事。"韦斯特伍德补充说，"领导不会出现，聚会的目的是让员工真诚地交往。我们发现，花一小点经费就能让员工幸福感和企业口碑都大幅上升。"

我们的另一个客户在公司重组时组建了一个新的团队。这个团队由一些没有合作过的人组成，这些人有着五花八门的背景和经验。他们将为公司的几个部门提供服务，这意味着他们大部分时间都不在办公室。领导知道，这可能会滋生排斥感和焦虑感，所以她发起了一些简单的活动来建立团队精神，培养包容性。

每周四早上，她做的第一件事是把团队召集到办公室，了解团队成员的工作进展、分析工作量、平衡任务、集思广益互相帮助（在疫情期间这些活动转移到电话会议上）。她把会议控制在一小时之内，确保人人都能发表自己的观点，但也不允许任何人默不作声。为了尊重那些可能对公开表达感到焦虑的人，她会在前一天花几分钟制定一个议程，让每位团队成员都知道她要求他们分享的具体内容。这种做法不仅让内向型员工更加安心（因为他们有时间准备），还让整个会议进行得更顺利。

她的会议采用循环发言模式，每个人都有机会分享自己的想法，这里可能不像某些头脑风暴会议那样众声鼎沸、激情澎湃，但那些焦虑的员工在这里感到了包容和安全，因此，团队灵感泉涌，点子不断。

这支团队还在会议上传递旅行纪念品，例如一位经理在 Goodwill 商店买的保龄球纪念杯。一位团队成员将纪念杯颁发给另一位团队成员，以此表彰他在那一周出手相助。新的获奖者有一周的时间来决定下一个获得奖杯的人选。这使得每一位出席周四会议的团队成员都会问自己：是否尽力帮助了其他团队成员？还会仔细思考团队成员为了帮助自己而做的所有事情。

这位领导还提出了提高包容性的规则。例如：团队成员之间的所有邮件要在 24 小时内回复（周一到周五），团队成员不可以在讨论过程中互相打断，团队周五不开会（以便完成工作后度过假期）。最后，她知道许多新成员可能会对自己在新环境中的表现感到紧张，在每天工作结束时，她会给员工发送具体反馈，帮助员工了解：领导知道他们正在做哪些工作，领导知道他们贡献的价值。

我们采访过她的一位员工，这位员工告诉我们，在短短几周内，他和新队友便有了交情。他还说，在之前的团队中，他只专注于个人表现，但现在，他每天都在考虑如何为团队做贡献。这位领导深思熟虑的包容策略帮助每一位员工体会到了自己的团队价值。

方法二：找到共同的核心价值观

我们发现，要求与我们合作的、正在努力融合个性的团队，从排斥到接纳的过程可能很复杂，且必须以共同的价值观为基础。

在米特·罗姆尼（Mitt Romney）从贝恩资本公司退休后不久，当选美国马萨诸塞州州长和竞选总统之前，我们有幸采访了他。贝恩资本如今管理着逾1000亿美元的资产，我们对他创建这家投资公司的经历产生了兴趣。他坦陈，创立之初，合伙人面临着"棘手的冲突"。在拯救公司的最后一搏中，六位合伙人同意参加一个为期一周的项目（据报道，该项目还帮助了其他团队）。"这值得一试。"罗姆尼回忆说。

在前期会议中，团队的功能障碍显而易见。导师要求每个合伙人公开、诚实地描述其他人有待改善地方，相应合伙人不得回答或辩护。原定一小时的会议持续了整整一晚，一直开到第二天早上，创造了"创造性批评的新纪录"，罗姆尼说。

尽管已经接受了培训，在项目接近尾声时，这群创始人还是在琢磨他们是否能合作。而最后一小时的练习改变了一切。

在那次课程中，导师告诉大家，如果个人生活与团队的核心价值观有冲突，他们就会不快乐、不健康、难以成功。在心理学中，这被称为认知失调，即人们因信仰矛盾或从事与自己价值观相悖的工作而感受到压力。一个人的生活方式和价值观之间的内在冲突会产生压力，可能会造成十分可怕的结果。此外，导师还教导，如果一个团队中的每个人的核心价值观都相去甚远，那么这个团队将很难以包容的方式合作。

"我想，我们的团队会分崩离析正是因为价值观天差地别。"罗姆尼说，"一位合伙人说，他的人生目标是登上福布斯富豪榜；另一位合伙人则想扬名立万，以此弥补早年经受的侮辱；还有一位合伙人把家庭生活摆在第一位。导师说，可能我们实际的核心价值观并没有那么大的差别。相反，是因为我们的工作目标（我们想从工作中得到的东西）与我们的核心价值观相冲突。"

导师让小组成员列出他们最尊敬的五个人，然后在每个名字旁边写下他们认为与这个人最相关的三个特征。罗姆尼写出了名单，并选用词汇和短语来描述他们，即："服务他人""关爱他人""正直""有信仰""有同情心""视野宽广""有骨气"。

最后，导师要求大家从这些词汇中挑选三个出现频率最高的单词。罗姆尼的高频词是"关爱他人""服务他人"和"有信仰"。

"我想知道我的合伙人列出的名字揭示了什么，"罗姆尼说，结果让他很惊讶，"我们全都得出了基本相同的价值观。我们每个人都提到了关爱他人，服务他人。在我们最钦佩的人的名单中，我们都提到了亚伯拉罕·林肯。"

"毕竟我们没有那么大的差异。"他总结道。

合伙人意识到，他们需要将团队的使命与成员的核心价值观结合起来，形成核心理想，并为之努力。

"我不能说我们的企业突然变成了一个充满爱、热心于服务的企业……但可以说，它变了，我们也变了。我们又一起工作了 10 年，并取得了一定成绩。我认为，那一天的自我认知功不可没。"罗姆尼说。

方法三：培养友谊

我们经常看到，在实力强、收入高的运动团队中，并非每个人都必须喜欢自己的队友才能获得成功。但是，我们每天都要工作很久，那么大家相处融洽自然也会让工作愉快得多。

不过，我们必须了解，有的人在社交场合会感到不自在，患有焦虑症的人尤其如此。以团队聚会为目的的传统活动通常由外向者组织，供外向者享用。甚至连开放型办公室在推出之前也肯定没有和内向的人讨论过。然而，我们发现，在鼓励安静、害羞的人参加一点点的、不过度的社交活动方面，领导者大有可为。

我们看到，团队领导不是让员工单独从事每个项目，而是制造更多机会让两个人或更多人组成小组完成任务（即使远程工作也是如此）。鼓励员工共同做慈善、开展积极的活动或参加会议，也能够建立包容性，相比坐在餐桌上大眼瞪小眼，专注于一个活动不那么容易引发焦虑。

德里克·伦德斯滕和斯蒂芬·文森特是在线网络平台 Life Guides（生活指南）的领导，顾名思义，这个平台为人们提供点对点连接，网友们相互帮助，共同应对生活中的挑战，如职场焦虑、新冠疫情、社会正义等等。许多公司都会为他们的员工提供这个平台。文森特说："在生活中，源源不断的信息让我们不堪重负，世界严重两极分化。我和家人之间也有这种情况。明明正在讨论新冠疫情、经济之类，突然之间它就变成了一个政治问题，非黑即白，你得不到你想要的支持。治疗师和其他专业人士可能会提供一些帮助，但他们是从医学角度看待问题。当你和知己建立联系时，他们会理解、同情并为你提供指导，这样其实就建立起了对你有帮助的人际关系。"

耶鲁大学的艾玛·塞佩莱（Emma Seppälä）和玛丽莎·金（Marissa King）指出："拥有'最佳职场朋友'的人不仅更快乐、更健康，投入工作的可能性也会提高 7 倍。更重要的是，与没有朋友的员工相比，自认有职场朋友的员工的工作效率、在职率和工作满意度都更高。"当然，办公室友谊也确实不易驾驭。

寄语：员工的人际关系通常与领导无关，除非团队绩效受到影响。例如，在极端情况下，小团体会形成类似于"幸存者"的联盟和部落，这可能会对一些人造成更大的排斥。此外，当工作和个人之间的界限变得模糊时，就可能伤害员工感情、影响团队绩效。但即使存在这种可能，领导也不能阻拦员工间的交往。他们不一定就要出去喝酒、聊什么私人生活（比如，讲自己文身的故事之类）。相反，积极的关系是建立在真实和同情的基础上的，这些都可以在工作时间内的健康界限内产生，健康的界限需要制定规则，如：不得办公室八卦，包容、平等对待每个人。塞佩莱和金表示，领导应该在与团队成员的互动中以身作则。

那么，领导是否应该尝试和自己的下属做朋友呢？虽然领导可以热情对待员工、关心员工，但不应该和员工过于亲密。我们可以看一看反面例子——美剧《办公室》中的迈克尔·斯科特（Michael Scott），他聪明而任性，一心想成为员工最好的朋友，以至于无法追究任何人的责任。"我希望人们害怕我还是喜欢我？这个问题很简单：一箭双雕。我希望人们对他们爱我的程度感到害怕。"斯科特说。尽管电视剧很有趣，但任何人都不应该试图在职场中模仿斯科特，当然别的地方也不行。

有一次，我们应邀指导一位潜力巨大的主管。部门总监承认，之所以将这名员工提升为主管，一是因为他能胜任财务的本职工作，二是因为他和每个人相处得都很好。"他是最受欢迎的派对伙伴。"总监说。可是，一旦他"办公室生活"的内容变成"做老板"，那他就会变成"强硬派"。

曾经存在的友谊变得支离破碎，就连随便聊聊天的机会都没了。他似乎只会谈截止日期和配额，永不消失的怒容似乎在告诉他的团队成员：你们没有尽全力。我们进行了大量指导，提供了一些相当直率的、全方位的反馈，让他明白自己做得太过分，明显放大了团队的焦虑。

还有一个例子，我们与公司外部的一个领导合作，她担任一个团队的高级领导。她告诉我们，她不喜欢冲突，在我们第一次会谈时，她说："我希望我的员工工作时不用手把手教。"在她的团队中，我们听到了一些抱怨，新员工不知道她到底是什么意思，一切都靠猜。"成为更好的教练"和"变得更自信"是我们在接下来的几个月里与她一起探讨的两项领导技能。

高管教练彼得·布雷格曼（Peter Bregman）的两位客户也遇到了类似的情况。有一位客户将出任首席执行官，但他遇到了一个问题。"他的几个直接下属是关系密切的朋友，他不像对其他人那样追究这几个人的责任。"布雷格曼说，"结果他们既不按照他的要求去做，也不交付预期的工作结果。这损害了他的业务和声誉。"

布雷格曼说，这个团队的其他成员都清楚地看到了这个问题。他们承认，这种不公平对待已经影响了他们的工作积极性，而另一方面，那位领导却对此视而不见。

布雷格曼的另一位客户是一家成长迅速的 10 亿美元级

企业的首席执行官，"他热情、合群、真诚，"布雷格曼说，"经历一番艰难之后，他明白既做老板又交朋友是件很复杂的事情。"

他过去常常邀请工作上的朋友来家里吃饭，认识他的家人。"但后来，为了公司的利益，我不得不做出艰难的决定，包括解雇其中一名朋友，这太痛苦了。这让我在做决定时变得犹豫不决。所以我决定在工作中不交朋友。"

布雷格曼解释说，第二位领导者不回避与员工交朋友，因为他是个"坏人"；他避开他们，因为他是个"好人"。的确，领导者很难与员工成为亲密伙伴，要么是因为他们无法将友谊与商业决策分开，要么是因为他们不得不做出可能会破坏这些关系的艰难决定。

布雷格曼补充道："有很多研究支持这样的观点：在工作中交朋友会让你更快乐、更投入……但这些研究没有指出，职场友谊非常棘手，尤其当你是老板的时候。"

这意味着，那些从小员工晋升为经理的人，或者从经理晋升为更高级管理者的人，可以选择主动出击。得克萨斯大学奥斯汀分校的阿特·马克曼（Art Markman）教授说："尽力把你的'职场'朋友邀出来，和他们谈谈新职位的压力和责任，让他们理解你的某些紧张情绪。你可能认为朋友们只会在心里默默地理解你的紧张，但是，如果敞开说话，他们更有可能对你表示同情。"

方法四：频繁地肯定员工

领导还能做些什么来推进员工间的关系、避免排斥呢？让我们听听奥普拉·温弗瑞（Oprah Winfrey）在哈佛大学毕业典礼上的演讲："我不得不说，25年来，在日复一日与人交谈的过程中，我学到的最重要的一点是，我们人类的体验中有一个共同点：我们都希望得到肯定和理解。在我的职业生涯中，我做过35000多次采访。只要摄像机一停，不可避免地，所有人都转向我，用他们自己的方式问：'这样行了吗？'我听见布什总统这样问过，我听见奥巴马总统这样问过，我听见英雄和家庭主妇这样问过，我听见受害者和罪犯这样问过，我甚至听见碧昂丝在她所有的Beyoncé-ness上这样问过……'我们'都想知道，'你听到我说的话了吗？你明白我的意思了吗？我说的话对你有意义吗？'"

温弗瑞谈论的是注意并欣赏个人内在价值的领导者。这是感恩的一部分。感恩的意义不仅在于感谢他人的成就，还在于帮助他人认识到自己的价值。感恩对领导也有好处。在美国在线招聘网站Glassdoor的调查中，超过一半的员工表示，时常感受到老板的感激有助于他们在公司长期发展。

方法五：接纳远程工作者

在对抗排斥的过程中，最后一个建议是，小心接纳那些远程工作的人。远程工作本身就会引发焦虑。新冠疫情导致越来越多的企业接受居家工作。在疫情暴发之前，我们的大多数客户只允许一小部分人不坐班，有些公司允许员工每周远程工作一天。然后，病毒来了，一夜之间每个人都不得不学会远程工作。

有些公司已经意识到远程工作的独特优势：通勤时间为零，会议时间缩短且重点更突出，可以联系到世界上任何地方的人，物理设施需求缩减。有一家和我们共用办公空间的电信公司的领导们决定永久关闭一间办公室，让员工居家办公。我们还碰巧遇到了一些IT从业人员，他们仿佛在过第二个圣诞节——再也不用勉强自己和打断工作的人交涉了！相比之下，这对一些活泼好动的客户服务人员而言，就如同世界末日即将来临，他们不能每天黏在一起了。

我们帮助定义和改善企业文化已有20年之久，因此，我们可以发出这样一个警告：在所有员工同处一栋办公楼的时代，大多数企业认为企业文化的诞生顺理成章；当远程工作时，我们面对的是"西大荒"。帮助人们（他们也许分布在多个时区）感觉到自己是集体的一部分完全是另一回事。

为了建立远程办公文化，减少焦虑，领导必须加强沟通，提升员工包容感，让他们不因惧怕而不敢尝试打破现状。卡夫亨氏公司就是这么做的。全球奖励部门负责人雪莉·温斯坦分享说，她的管理团队参加了在家庭厨房进行的现场烹饪比赛，员工兼任观众，产品应有尽有，包括菲力奶油芝士、奥斯卡美热狗和经典意大利面酱等。在半小时的比赛中，两位高管在各自的厨房里烹饪，家人助阵，相互竞争。"我们的全球传播主管迈克尔·马伦（Michael Mullen）担任魅力四射的主持人，餐饮团队的一名成员负责评判创意和产品应用。"她说，"家人负责试吃，这也是让领导的孩子、配偶甚至宠物参与节目的好办法。"

她还说，一开始，忙于远程工作的员工觉得没时间参与活动，"但他们参加后，体会到了这些活动给工作日带来的多样化体验。这是一个反思、学习、欢笑和从个人观点出发欣赏领导的时刻。"

卡夫亨氏公司的尝试告诉我们，建立远程工作文化意味着明确定义公司的使命和价值观，在与客户或员工互动的过程中肯定体现这些伟大理想的人；意味着利用技术平台和社交媒体，为员工提供相互联系、相互了解的方式，重现饮水机聊天或工位交流的老场景。

远程工作团队的领导者还应该分散领导力，增强所有权和参与度，要求团队中的某些人就他们感兴趣的主题召开会议，或者就他们的专业领域举办培训课程。领导还可以鼓励开展家庭工作区装饰比赛,为团队增添一些乐趣。即使琐碎的小事也有助于建立关系,例如,如果领导为办公室里的员工带了午餐,务必同样给远程工作的员工送去食物。这个办法很不错。

波士顿学院的贝丝·施诺夫(Beth Schinoff)、美国亚利桑那州立大学的布莱克·阿什福思(Blake Ashforth)和凯文·科利(Kevin Corley)指出,远程工作从两个方面改变了同事之间的关系。首先,员工不太可能和同事比邻而居。"这意味着我们可能没有机会面对面、比较随意地分享经验……也没有机会在公司的支持下分享经验。"其次,员工不再面对面互动,越来越依赖技术手段交流。通过文本、即时信息甚至电话会议等方式进行互动会增加理解他人的难度。"我们无法像面对面交流一样去感受肢体语言和其他非语言暗示……当我们通过科技手段工作时,可能仅在需要与同事交流的时候才交流。"

考虑到线上工作的人际关系基本差异,远程工作的同事如何获得必要的友谊来提高参与度和敬业度?又如何争取更好的结果?施诺夫和她的同事主张培养一种"节奏"。

他们写道:"当远程工作者了解每一个人,并能预测他们的互动时,就能感受到和同事相处的节奏……线上工作时,节奏尤其重要,它可以帮助我们预测何时需要与同事互动以及如何互动,面对面交流时这一点很容易实现。当我们未能与同事建立相同的节奏,可能会难以联系沟通,或者在与他们交流时感到沮丧。"

当员工远程工作时,领导者该如何培养这样的节奏呢?答案在于为员工提供相互了解的工作环境。只是,相比让团队成员自我介绍(可能引发焦虑),采用"绕圈子"的方式可以产生更好的结果。例如,一位经理让员工们相互分享他们过去一周听过的好歌;另一位经理则让员工们相互分享愿望清单上的东西。这样,焦点就更多地集中在音乐、愿望清单上,而不是集中在人身上。而且,这些即时趣闻还能充分展示员工的个性。还有一个简单的办法:在团队电话会议开始前十分钟开放线路,大家可以提前进入,在会议结束后再开放十分钟,让团队成员可以尽情交谈。

建立社会关系

- 排斥是加剧焦虑的毒药。可能会损害社交控心理健康,这是因为人类有极其强烈的归属需求。约71%的专业人士表示,他们在团队中经历过某种程度的排斥。

- 为了发现那些受冷落的人,团队领导可以做很多事,远程工作时,这一点更重要。观察:谁在小组讨论中经常被打断?谁似乎不跟任何人交流?定期的一对一交流是了解真实情况的最佳方式。

- 领导者可以这样构建团队包容性:确保所有团队成员都能在会议上发言,听取他们的意见,让新员工和友好的老员工成为朋友,在每次会议上花时间肯定大家的建议。

- 帮助团队从"排斥"变为"接纳"的其他方法:
  (1)帮助同事建立友谊;
  (2)找到共同的核心价值观;
  (3)培养友谊;
  (4)频繁地肯定员工;
  (5)接纳远程工作者。

第9章

变怀疑为信心——焦虑与感激

感激能帮助团队成员建立信心

感激与鼓励是挖掘潜力的最佳工具。

——查尔斯·施瓦布(Charles Schwab)

焦虑会令有能力的人感到不安全，并质疑自己的内在优势。我们在采访中发现，许多饱受焦虑之苦的高绩效人士经常怀疑自己。然而，我们在多年的领导培训中发现了一个普遍的问题：领导者不会对员工的出色工作表示感激，至少不会经常地、有效地表示感激。事实上，许多领导者都用大部分时间来解决绩效问题，通常重点关注一两个做得不太好的员工。他们认为工作表现一般的人不需要过多关注，把表扬都送给最优秀的员工就行了，但这种看法通常是错误的。

根据过去 20 年里对数千名员工进行的采访，我们可以证明许多人对自己的工作表现感到十分焦虑，他们想知道领导如何看待他们的工作质量。事实上，表现最出色的员工往往会把缺少领导的关注看作大事不妙的迹象。沉默会让人心生担忧，即使最优秀的员工也不例外。

第9章 变怀疑为信心——焦虑与感激

当我们建议领导提供更多积极的反馈时，他们可能会用一连串的担忧来反驳。他们会说这样做是不错的，但他们没有时间用来表达更多的感激；或者，他们的员工只对钱上的"感激"感兴趣。还有一些领导不想娇惯员工，尤其是在危机时期，因为这时候他们的时间要用来做大量其他工作。一些领导表示，因为员工做了本职工作就一直表扬他们，会给人一种居高临下或虚伪的感觉。"当我是谁？表扬机器人吗？"

唉！首先，我们提倡的不是片刻不停地赞美，而是在正确的时间以正确的方式表达感激之情。领导需要激励员工，推动他们实现目标，而最简单、最有效的激励人们实现目标的方法就是经常表达感激之情。我们的研究确凿无疑地表明，这是一种提升团队绩效的好方法。以下是一些证据：

韦莱韬悦咨询公司（Willis Towers Watson）进行的一项调查发现，员工敬业度处于全国排行榜后四分之一的企业与前四分之一的企业相比，客户满意度低20%。约94%高度敬业的员工认为，当他们表现出色时，领导能够有效地认可他们。这表明了感激与员工敬业度、客户满意度之间存在密切关系。如果考虑士气因素，结果更令人震惊。在自陈工作士气低落的员工中，大约56%的人在感激方面给上司的评分为不及格，只有2%的人表示，他们的上司在感激员工工作方面表现很出色。

感激如何影响焦虑

两千多年前，西塞罗（Cicero）就说过，感激"不仅是最伟大的美德，也是所有美德之母"。然而，在商界，感激是一个关注度较低的研究领域。何其不幸！经常表达感激之情会产生深远的影响。在一个充满不确定性的世界里，如果领导经常对员工出色完成工作表示感谢，并具体描述某项成就对团队的作用，就能降低焦虑水平。这种行为就像在"敬业度银行"里定期存款一样。当员工的工作需要纠正时，"敬业度银行"会为之提供"储备金"。如果员工坚定地相信领导对他们的能力十分肯定，就能更好地接受批评，并意识到这种指导针对的是工作的某一特定任务或特定方面，不是对他们整体能力的谴责。

另一个好处是，无论是经常感谢员工的出色工作，还是自己得到感谢，这样的领导都能更具韧性，能更好地从逆境中恢复过来，这是北卡罗莱纳大学教堂山分校副教授萨拉·阿尔戈（Sara Algoe）博士的观点。她的研究发现，感激与员工效率和生产力之间存在着实质性的联系。

"感激对于形成和维持我们生活中最重要的关系来说非常重要，我们每天正是通过这些关系与人交往。"她的研究表明，在工作中表达和接受感激的员工更有可能自愿承担任务、主动完成困难的事情、更好地作为团队成员工作。此外，她的研究还表明，经常表达感激的领导在同情心、体谅、同理心甚至爱等指标上能得到员工更高的评分。

我们在此讨论的不是缺乏意义的笼统表扬，比如"大家干得好"。我们要提醒领导们，对狗都能说的感谢话不叫感激。我们讨论的是对他人所做的贡献的真诚而具体的感激。人在接受这样的感激时，大脑中的神经递质会释放多巴胺和血清素，带来好心情。通过有意识地练习感激，我们可以强化这些神经通路，在团队成员中创建一条通往和谐的生理高速公路。

《感恩与意面》（*Gratitude and Pasta*）一书的作者克里斯·斯肯布拉（Chris Schembra）在纽约市举办了数百场感恩晚宴，企业可以在这里更好地与客户或员工交流。在每一次"7∶47 Club"晚宴开始用餐时，克里斯都会问客人同一个问题："如果你的生命中有一个人，你本应该给他足够的赞扬和感谢，但你没有，这个人会是谁呢？"

斯肯布拉告诉我们："通常，人们带着孤独、空虚、疏离和不安的感觉来到晚宴上。他们听别人分享过去的故事，讲他们的父母、狗、三年级老师、前女友。他们意识到自己并没有想象的那样孤独。每个人都有母亲，有的被母亲抛弃，有的由母亲养育；每个人都有一个带他们做游戏的爷爷。通过分享各自的故事，我们可以减轻焦虑。"

7∶47 Club 的研究主管玛德琳·哈斯拉姆（Madeline

Haslam）指出，领导者在树立感激榜样方面发挥着至关重要的作用。1961 年，斯坦福大学教授阿尔伯特·班杜拉（Albert Bandura）进行了一项著名的实验——波波娃娃实验（波波娃娃是一种充气小丑，在被推或被打后会弹回来）。班杜拉拍下了成年人对波波娃娃的攻击性行为。随后，给测试组的儿童观看这个视频，并把他们和波波娃娃放在一个房间里；对照组儿童则不看视频。"看过视频的儿童对波波娃娃表现出来的身体攻击性要比不看视频的儿童大得多，"哈斯拉姆说，"这种观察学习不仅仅发生在儿童身上。如果你观察到一个领导当着你的面感激他人，你就会依样学习。领导的行为会调动员工情绪，让他们追随榜样前进。"

感激如何帮助我们应对压力

对领导来说，这里还有一个好消息是：感激能帮助人们培养更强的抗压能力。美国佛罗里达州大西洋大学心理学家、教授罗林·麦克雷蒂（Rollin McCraty）领导的一个科学家团队进行的研究表明，那些给予或接受感激的人的皮质醇（应激激素）水平显著下降。同时，他们对情绪挫折和负面经历的承受能力更强。麦克雷蒂的研究表明，人类可以通过更强的意识和更广泛的认知来重建大脑网络、应对艰难环境。而承认并欣赏自己生活中的每一个小进步就可以达到这一目的。

这一点尤其重要，因为焦虑会让有才华的人觉得自己是骗子，外界给出的认可与他们的内心感受不匹配，这种感觉被称为"冒名顶替综合征"，人们会对自己被揭露为"骗子"怀有长久的恐惧。在名人群体中，这种情况比我们想象的要普遍得多。

摇滚明星布鲁斯·斯普林斯汀（Bruce Springsteen）在他的自传《生为奔跑》（*Born to Run*）中讲道：他觉得自己是一个"彻头彻尾的冒牌货"，一辈子都在与自我怀疑做斗争。喜剧演员史蒂夫·马丁（Steve Martin）在他的自传《天生喜剧狂》（*Born Standing Up*）中详细地描述了他与频繁焦虑和全面恐慌发作长达 20 年的斗争。嘎嘎小姐（Lady Gaga）以其怪异的服装和令人惊艳的现场表演成为自信的象征，但她公开谈论了自己的焦虑。她在 HBO 电视网的一期特别节目中说道："有时我仍然感到自己像一个失败的高中生，每天早上都要打起精神告诉自己，我是一个超级明星，这样才能度过一天，成为粉丝需要我成为的那种人。"

即使是有才华的人，如果得不到支持、缺乏应对机制，也会因压力和焦虑而精疲力竭。美国加利福尼亚大学洛杉矶分校神经科学家亚历克斯·科布（Alex Korb）博士解释说，一个人如果总是在担心不好的结果，他的大脑就会把注意力集中在消极的事情上。科布认为我们的大脑不能同时关注积极信息和消极信息。他说，在团队中有意识地练习表达感激有助于我们训练大脑，使之选择性地关注积极的情绪和想法，减少焦虑和恐惧感。

人们往往更关注生活中的挑战，因为挑战需要行动。而在工作中，我们不是正需要克服挑战吗？我们往往不太关注好的事物，因为我们觉得不需要花太大功夫就能让好的事物留在我们身边。然而，感激可以帮助人们关注积极事物，用乐观的态度对抗消极的想法、接受严酷的现实，让别人知道有人关心、欣赏他们。

领导者防止焦虑最有效的方法是在整个企业中（不仅在上下级之间，还在平级的同事之间）培养一种感激文化。我们在参观一家医院时，有幸见证了一场特殊的会议。每周都会有一名员工收到被他们称为"烈火下的恩典"的奖杯——一根安装在木头上的消防水管。颁奖现场掌声雷动，奖杯是平级间颁发，用于表彰这位员工在这一周所做的令人钦佩的事。我们看到的是这样一个案例：一位总是在周末值班的护士提名了一位在周末替她轮班的同事。急诊室患者增加，原定的 8 小时工作变成了 12 小时，但这位同事在场使她得以保持冷静。在颁奖仪式上，这位提名获奖者的护士不仅表达了深切的感激之情，还谈到了团队的可靠性和团队合作等核心价值观。

这支团队的领导后来告诉我们,这种会议不仅带来了一点点乐趣,而且拔高了每个人的行为,巩固了团队关系。颁奖仪式十分简短(接着当然就开始享用点心),但它有力地强化了员工最看重的东西:在压力下保持冷静,同时互相帮助。

变怀疑为确信

我们参观了许多类似的工作场所,与世界各地的领导人进行交谈,发现了一些实用方法,在这些方法中,通过表达感激,怀疑可以转变为确信。

方法一:清楚、具体、真诚地表达感激

职场中,诸如"干得好"之类的泛泛之词毫无作用,难以安抚焦虑的团队成员。员工听到这种不具体的表扬往往不予理会,特别是那些可能产生自我怀疑的人。感恩型领导会关注一项成就的某个特定方面,或员工对待工作的态度。例如,"那份报告做得不错"就是很好的措辞,至少比什么都不说要好,但是,还可以说一些效果更好的话,如:"你的报告言简意赅,并且搭配了数字说明,我很喜欢。报告中

对市场现状和我们的市场地位进行了概括，这在我们向管理团队解释调查结果时大有帮助。干得漂亮！"

在基于公司价值观表达感激这一方面，我们见过的一流管理者是 Avis Budget 集团高端品牌战略总监卡洛斯·阿奎莱拉（Carlos Aguilera），在会见我们时，他是达拉斯沃斯堡机场的总经理。他的团队会议总是以特别的感恩开始。他会问："昨天有人做了什么了不起的事吗？"有一天，一位值班主管提名德拉娜（Delana），理由是她注意到一位顾客戴着护膝，在顾客还未提出要求时，她便建议后台服务员把这位顾客租的车开到前面，免得顾客穿过整个停车场。这个故事只讲了 30 秒，我们注意到与会人员都打起精神。最重要的是，德拉娜知道她的领导关注到了这件事，并对她表达了感激之情。

阿奎莱拉现场为她颁了奖。"我们把每一项成就都贴在公告板上。"阿奎莱拉告诉我们，正是这样的小事让他的员工充满活力。他值得信任，善于沟通，花大量的时间和潜力无穷的员工相处。我们研究后发现，在这家拥有 26000 名员工的公司中，他的员工敬业度得分最高。他的经验是可复制的。

方法二：感激分大小

我们当然鼓励领导定期表彰各种小成就，但是，当一个员工做了一件大事时，领导者需要确保感激与成就是相称的，如果二者不相符，可能弊大于利。

Rich Products公司位于美国纽约州布法罗，是一家拥有40亿美元资产的食品公司，其创意部经理莎莉·赖夫（Shari Rife）说："过去有一个部门实施了一个奖励措施，他们用10美元的礼品券对额外的努力表示嘉奖和感谢。"无论被表彰的具体行为如何，奖励都是不变的。

"这种方法非常不正式，没有规范的标准，"她告诉我们，"这让同事们非常沮丧，因为清理供货柜的人和执行大项目的人得到的表彰一模一样。由于颁发的礼品券相同，反而失去了激励作用。"

如果领导者按照成就大小给予相应的表彰，就可以帮助焦虑的人对自己的工作做出更积极的假设。对于小进步，口头表扬即可；但较大的成就，比如为公司带来经济利益、挽留或赢得一个大客户、改进一个重大过程或帮助团队带来实质性的进步，就需要及时的、有形的奖励。

方法三：保持感激的重要性

我们采访的一名员工说："领导告诉我，工作满一年会在团队面前表彰我。公司一直在颁发这些服务奖，这是好事，所以我说行。"但是当这个大日子来临时，这位员工发现他的颁奖典礼被安排在另一个员工的后面，那是一位获得

20年服务奖的女士。"其他部门的人都来了,简直像献悼词一样,"他说,"人们哭着表达自己有多爱她。我恨不得挖个地洞钻进去。我几乎不认识任何人。而轮到我的时候,其他部门的来客又不能就这么起身走开,所以他们留下来欣赏我那可怜的一年奖的颁发仪式。我的几个队友说了几句好话,但和刚刚目睹的'爱的盛宴'相比,这太尴尬了。"

他开玩笑说,这就像在颁发奥斯卡最佳影片奖后颁发最佳混音奖。他补充说:"后来,当我的领导告诉我要庆祝我的三周年纪念日,也就是要再一次为我颁奖时,我告诉他,我就不去了,你们办吧。打死我也不可能出席。"

要点:表达感激之情时,不要同时做其他事,否则会产生反面效果。此外,不要把成就"浓缩"了。如果谈论学到的经验("丽贝卡确实有长足进步")或试图将这些经验社会化("干得好,特里!我希望能够表彰我们团队中的每一个人"),则很可能会削弱感激本可以带来的积极效果。

最后一个警告是,要了解表彰和庆祝之间的区别。有一些领导不愿意单独表扬个别员工。比如说,他们不会在每次员工会议上表扬一到两个人的卓越贡献,而是每个月带上整个团队聚餐。这不是表彰,这是庆祝,可能会给高成就员工带来更多焦虑,因为这些员工往往渴望知道自己工作的价值。个人表彰和团队庆祝对于构建高效团队来说各有其作用。

方法四：优秀的员工也需要感激

随着领导者在团队中传播感激之情，他们通常会意识到，不仅奖励重大胜利具有显著价值，经常表扬达到预期的成就也有价值。我们相信，我们在第一章介绍过的克洛伊就需要这种回应（证明她的工作是有价值的）。然而，有一些领导把这种感激主义发挥到了极致，担心是否每个人都受到公平对待，无人会受到感情伤害。

给每个人发光发亮的机会很重要，领导者需要确保所有团队成员都能定期因其独特的成就而得到表彰，但是，防止高成就者退缩也很重要。感激不仅是为了让那些有可能缺乏信心的人坚强起来，也是为了推进那些看起来很有信心、不断超越自我的人的工作。

在很多情况下，领导不希望人们认为他们对"明星"员工有所偏心或刻意奉承。有一个工程设计团队的负责人告诉我们，他在这方面有惨痛的教训。他说："到目前为止，詹妮弗是我手下最具创造力、工作效率最高的设计师。"问题是，他不想给詹妮弗太多的赞扬，因为她一贯优秀。"坦白地说，杰夫就坐在詹妮弗旁边，我不想让他产生不好的感受。"领导还知道詹妮弗对自己的能力很有信心，所以认为她可能不需要那么多鼓励。但事实证明，她和大多数人一样，想知道她的工作是否真正值得赞赏。"慢慢地，詹妮弗觉得自己没有受到重视，"这位经理说，"不久前她跳槽去了竞争对手那里。"当我们问起杰夫是否还留在公司时，领导苦笑起来。杰夫当然哪儿也不去。

总之，感激是一种焦虑缓解剂，就像氧气一样，能够"助燃"所有员工的敬业精神，对于高绩效的员工尤其如此。

方法五：感激应当紧随行动

为了帮助平息焦虑情绪，领导应该在员工取得每一项成就之后立即表示感激。当员工做出卓越成绩后，如果在几天内或几周内听不到领导反馈的任何消息，他们就会担心。延迟表彰会有一定的影响，但坦白地说，在99%的情况下，一旦领导推迟表彰，最后就会忘记此事。如果领导者想改变这样的情况，就应该紧随行动致以感激，即在看到好事发生之后立即感激。

感激贵在频繁。感到高度焦虑的人通常需要有人持续不断地认可他们的价值，当形势艰难时，这种需要会更为强烈。我们的研究发现，在一流团队中，高度敬业的员工有这样的感觉：他们会因为其特定成就而定期受到表扬，至少每周一次。

哈佛大学罗莎贝丝·莫斯·坎特教授表示："创新能力越强的公司表达感谢的数量越多。"通过研究，我们激动地发现，除了创新性的企业，在为优秀客户服务、运营卓越、具有同情心的文化环境中，表达感谢的次数也很多。在这样的工作环境中，队友们互相支持，他们会花更多的时间来感谢同事。这些友善的行为强化了切实可见的团队精神，使人们一心一意地按照正确方式推进工作。

正是通过及时的感激，员工才会成长起来。频繁、具体的感激能让员工知道自己是否走在正确的道路上。

通过感激建立自信

- 激励员工最简单、最有效的方法就是定期表达感激之情。研究表明,表达感激会使团队绩效获得令人惊叹的提升,显著降低团队成员的焦虑水平。

- 领导本该适时、适度地对员工的出色工作表达感激之情,但他们没有这么做。

- 高绩效员工往往也会认为自己缺乏领导关注,并将此视为大事不妙的迹象;沉默会让人心生担忧,即使最优秀的员工也不例外。

- 定期表达感激仿佛是在"敬业度银行"里存款,它可以提供"储备金",以备员工工作需要纠正时所需。研究表明,感激还能帮助人们增强抗压能力。

- 变怀疑为确信的其他实用方法包括:

  (1)清楚、具体、真诚地表达感激;

  (2)感激分大小;

  (3)保持感激的重要性;

  (4)优秀的员工也需要感激;

  (5)感激应当紧随行动。

结 论
分号：之前与此后

某些时刻会成为你生命的标志……在这些时刻，你意识到一切都不一样了，时间被分成两部分：在此之前，从此之后。

——电影《夺命感应》(Fallen)

建立健康工作文化的第一步是形成对焦虑的认识，认识到团队成员像鸭子划水一样在默默奋斗；第二步是缓解焦虑，领导要尽力减少焦虑的产生、支持人们克服焦虑、培养应对挑战的韧性。有时这很简单，只是一个接受的过程。

以马达琳·帕克（Madalyn Parker）为例，她给我们讲述了她在美国密歇根州的 Olark 软件公司工作时的故事。帕克是一位才华横溢的软件开发员，但她患有慢性焦虑症、抑郁症和创伤后应激障碍，需要时不时地花点时间关注自己的健康。

有一次，帕克连续失眠了好几天，于是她给团队发了一封电子邮件，说她要休息几天，专心调节自己的心理健康。第二天，她打开收件箱，支持她的邮件如潮水般扑面而来。其中一封邮件引起了她的注意，发件人是公司首席执行官本·康格尔顿（Ben Congleton）。"每个企业都应当这么做,"他在邮件中写道,"你是我们所有人的榜样……帮助我们摆脱污名,让我们能够全身心地投入工作。"

帕克说:"我感动万分,泪眼蒙眬。因为脆弱而受到称赞,这实在令人惊讶。"

如康格尔顿这样坚强又关爱下属的领导可以为员工提供大量帮助,为员工带来改变,这不仅让身受焦虑之苦的人受益匪浅,还惠及了团队中的每一个人。越来越多的领导者开始了解心理健康问题并真正关心员工的健康。他们正在营造这样的工作环境:其中"快乐"和"健康"与"销售配额"或"客户满意度"一样,受到同等严肃的对待。LifeGuides总裁兼首席执行官德里克·伦德斯滕告诉我们:"是时候在新旧模式之间建立一座桥梁了。在旧模式中,员工将他们个人的问题抛在脑后;在新世界中,我们留出时间和空间进行这些对话。"

可我们还没到进入这种境界。这需要一种新的思维方式,甚至可能需要一种新的"标点"方式。

希瑟·帕里(Heather Parrie)是美国密苏里州的一名会计师,她是那种会在Facebook页面上写满自己的成就的人。几年前,她遭遇了意外的打击。背负着沉重的期望、残酷地拿自己和成功的朋友进行比较,她开始崩溃,在自我怀疑、焦虑和抑郁的折磨下,她一天要睡20小时。她取消了和朋友们的约会,翘班,裹在毯子里寻找安全感。最终，她丢了工作，事情也变得更糟。即使在她最黑暗的时刻，在她认为自己可能永远也下不了床的时候，她仍设法在朋友和家人面前隐藏自己内心的斗争。

独自战斗数月之后，她开始寻求帮助。她开始接受治疗、吃药，并向她爱的人敞开心扉。她在身上文了一个分号，因为在文学术语中，当作者本可以选择结束一个句子却选择不结束时，就会使用分号。分号常用于停顿，就像做个深呼吸，但后面总会跟着另一个句子，这个句子可以脱离前一个句子独立成句。对于帕里和其他许多人来说，这个标点符号是战斗的象征，象征着他们要继续与自己的焦虑或其他心理健康问题做斗争。她说她每天都在努力克服自己身上的矛盾——精心设计的成功外表和失败斗争的纠结内心。

今天，从皮奥里亚到巴黎，分号成为文身店里流行的文身之一，它象征着"之前和此后"的概念。对于那些饱受焦虑之苦的人，那些监督团队的领导者，分号可能象征着一切进步的下一步。我们并不是建议大家都跑到距离最近的文身店，卷起袖子文一个，但我们希望大家都以领导者的身份考虑一下：您可能会坚持哪些固执的行为，会对自己和周围的人产生负面影响；然后，请深深地吸一口气，利用本书中分享的一些方法，规划一条新的道路。

在"之前"的世界里,焦虑之类的话题是禁忌,偏见与评判太常见了。在"此后"的世界里,个人主义会受到重视,不必要的、有害的焦虑会减轻,而那些挣扎着的人则会在同情中得到接纳。

我们希望你也能明白:是时候画下"分号"了。

注 释

除特别说明,否则本书中的引文均来自作者第一手采访资料。

第 1 章 鸭子综合征 – 焦虑与工作环境

引文:"2018 年的一项调查指出,所有年龄段的员工中有 34%……"

参考资料:美国心理协会对 3458 名成年人进行的调查,引自 *Wall Street Journal* 2019 年 5 月 9 日发表的文章 "The Most Anxious Generation Goes to Work",作者为 Sue Shellenbarger。18% 的成年人有焦虑症这一数据来自美国焦虑与抑郁协会网站 Facts & Statistics 板块,美国精神病学协会下设网站 Center for Workplace Mental Health 为此提供支持,文章标题 "Anxiety Disorders: Why They Matter and What Employers Can Do"。

引文:"哈佛大学医学院的一项研究称……"

参考资料:*Harvard Health Publishing* 2010 年 2 月发表的文章 "Mental Health Problems in the Workplace"。

引文:"每年由职场焦虑带来的生产力损失、失误和医疗保健支出约合 400 亿美元……"

注 释

参考资料：400亿美元统计值来自Health.com网站2016年2月29日发布的文章"How to Relieve the Acute Discomfort of Anxiety Disorders"；3000亿美元统计值参见Healthline 2018年1月15日发布的文章"Stress Costs U.S. \$300 Billion Every Year"，作者Gillian Mohney；欧洲6000亿欧元统计值参见Euroactiv.com网站2018年11月29日发布的文章"Mental Health Issues Cost EU Countries More Than €600 Billion"，作者Beatriz Rios。

引文："2019年由《哈佛商业评论》（*Harvard Business Review*）刊发的一项研究指出……"

参考资料：关于年轻人因心理健康原因离职的数据来自美国消费者新闻与商业频道（CNBC）2019年10月8日发布的文章"Half of Millennials and 75% of Gen-Zers Have Left Jobs for Mental Health Reasons"，作者Cory Stieg。

引文："其首席人力官迈克尔·芬伦（Michael Fenlon）表示……"

参考资料：*Wall Street Journal* 2019年5月9日发布的文章"The Most Anxious Generation Goes to Work"，作者Sue Shellenbarger。

引文："90%的人认为向老板倾诉自己的情况不是一个好主意……"

参考资料：theladders.com网站2019年12月2日发布的文章"The Surprising Group Has The Most Workplace Anxiety"。作者C. W. Headley。文中引用了ZenBusiness的一项研究。

引文："根据美国人口普查局的数据，截至2020年5月……"

参考资料：人口普查局的数据（来自疾病控制中心进行的一项调查）显示30%的美国人表现出临床焦虑的迹象，这一数据来自*Washington Post* 2020年5月26日发布的文章"A Third of Americans

Now Show Signs of Clinical Anxiety or Depression, Census Bureau Finds amid Coronavirus Pandemic",作者 Alyssa Fowers 和 William Wan。

引文:"只有四分之一受焦虑困扰的人……"

参考资料:humanaghr.com 网站 2020 年 5 月 17 日发布的文章 "Why Aren't We Talking More about Mental Health in the Workplace?"。

引文:"'鸭子综合征'这个词出自斯坦福大学……"

参考资料:*Stanford Daily* 2018 年 1 月 31 日发布的文章 "Duck Syndrome and a Culture of Misery",作者 Tiger Sun。

引文:"《今日美国》(*USA Today*)对各企业进行的一项民意调查发现,多达一半……"

参考资料:*USA Today* 2018 年 7 月 19 日发布的文章 "Workers Are 'Ghosting' Interviews, Blowing off Work in a Strong Job Market",作者 Paul Davidson。

引文:"工作压力和焦虑可能每年导致超过 12 万人死亡……"

参考资料:斯坦福商学院研究生院网站 2015 年 2 月 23 日发布的文章 "Why Your Workplace Might Be Killing You",作者 Shana Lynch,文中引用了 Jeffrey Pfeffer 等人的研究,将职场压力和焦虑与每年 12 万人的死亡联系起来。

引文:"一项研究发现,86% 的高度焦虑者……"

参考资料:将焦虑和生产率联系起来的数据来自 ZenBusiness.com 网站 2019 年 11 月 20 日发布的文章 "Anxiety in the Workplace",该文章提到对 1004 名焦虑症患者进行了研究。

引文:"门萨俱乐部成员患焦虑症的比例是全国平均水平的两倍……"

参考资料:*Scientific American* 2017 年 12 月 5 日发布的文章 "Bad

News for the Highly Intelligent",作者 David Hambrick,文中提到对门萨俱乐部成员的研究。

引文:"以英格兰国家男子足球队最近的转型为例……"

参考资料:*HRDirector* 2018 年 7 月 11 日发布的文章 "Leadership Lessons from Gareth Southgate's Team Transformation",作者 Jeremy Snape;*Guardian* 2018 年 7 月 10 日发布的文章 "How the Psychology of the England Football Team Could Change Your Life",作者 Emine Saner;BusinessLeader.com 网站 2018 年 7 月 9 日发布的文章 "Seven Leadership Lessons Learned from Gareth Southgate",作者 Barney Cotton。

引文:"著名的灵长类动物学家迪安·福西……"

参考资料:迪安·福西博士对焦虑的猩猩的描述来自书籍 *First, We Make the Beast Beautiful* (2018),作者 Sarah Wilson,Dey Street Books 出版社。

引文:"这个概念对美国陆军非常重要……"

参考资料:关于美国陆军韧性训练的信息来自 PositivePsychology.com 网站 2020 年 4 月 9 日发布的文章 "Resilience Training: How to Master Mental Toughness and Thrive",作者 Catherine Moore 博士;本节其他部分内容来自 *Psychology Today* 2015 年 3 月 11 日发布的文章 "Why Some People Are More Resilient than Others",作者 Denise Cummings。

引文:"宾夕法尼亚大学著名心理学家马丁·塞林格曼……"

参考资料:*Harvard Business Review* 2011 年 4 月发布的文章 "Building resilience",文中阐述关于韧性培养的理论,作者 Martin Seligman 博士。

引文:"普华永道发现……"

参考资料：普华永道关于企业心理健康投资的股本回报率的数据来自该公司 2014 年 3 月发布的白皮书 "Creating a Mentally Healthy Workplace: Return on Investment Analysis"。

引文："据《福布斯》（*Forbes*）报道……"

参考资料：*Forbes* 2018 年 11 月 15 日发布的文章 "Poor Worker Health Costs U.S. Employers Half Trillion Dollars a Year" 揭示了员工健康状况不佳造成的总支出，作者 Bruce Japsen。

引文："哈佛医学院的一项研究进一步指出……"

参考资料：*Harvard Health Publishing* 2010 年 2 月发布的文章 "Mental Health Problems in the Workplace"。

引文："管理咨询公司麦肯锡的研究指出……"

参考资料：麦肯锡网站 2020 年 5 月 1 日发布的文章 "Tuning In, Turning Outward: Cultivating Compassionate Leadership in a Crisis"，作者 Nicolai Chen Nielsen、Gemma D'Auria、Sasha Zolley。

第 2 章　焦虑如何填补空白 – 焦虑与不确定性

引文："截至 2020 年 7 月，有 60% 的美国工人表示他们职业安全感很弱……"

参考资料：关于美国人对工作稳定性的担忧的数据来自 MediaPost.com 网站 2020 年 7 月 10 日发布的 Wavemaker 调查报告 "Wavemaker Study Finds Americans Worry about Job Security, Economy"，作者 Larissa Faw。

引文："在《如今的孩子》（*Kids These Days*）一书中……"

参考资料：*Kids These Days*（2017），作者 Malcolm Harris，Little,

注　释

Brown & Company 出版社。本条引文参见 Vox 网站 2019 年 3 月 16 日发布的文章"Why Are Millennials Burned Out? Capitalism",作者 Sean Illing。

引文:"萨姆·卡塞尔是一位出色的罚球手……"

参考资料:卡塞尔的关键时刻罚球记录参见 82games.com 网站文章"Random Stat: Clutch Free-Throw Shooting",在这篇文章中,您可以确定那位在压力下表现不佳的神秘球员的身份。

引文:"阿什利·费特斯(Ashley Fetters)在《大西洋月刊》(Atlantic)上……"

参考资料:Atlantic 2018 年 11 月 11 日发布的文章"College Is Different for the School-Shooting Generation",作者 Ashley Fetters;Akron Beacon Journal 2018 年 11 月 17 日发布的文章"Megan McArdle: How Did We End up Raising Generation Paranoia?"作者 Megan McArdle。

引文:"……千禧一代的人数是 X 世代的四倍……"

参考资料:Forbes 2012 年 7 月 31 日发布的文章"Millennial Anxiety in the Workplace",作者 Clara Knutson 指出在将"害怕失业"列为首要担忧的人中,千禧一代的人数是 X 世代的四倍。

引文:"再看看雅虎的衰落……"

参考资料:New York Times 2016 年 1 月 10 日发布的文章"Yahoo's Brain Drain Shows a Loss of Faith Inside the Company",作者 Vindu Goel;New York Post 2016 年 1 月 18 日发布的文章"No Layoffs... This Week: Marissa Mayer's Creepy Comment Kills Morale",作者 James Covert、Claire Atkinson。

引文:"以通用电气公司为例……"

233

参考资料：*Wall Street Journal* 2018 年 2 月 21 日发布的文章 "How Jeffrey Immelt's 'Success Theater' Masked the Rot at GE"，文中指出了通用电气的艰难时期，作者 Thomas Gryta、Joann S. Lublin、David Benoit。

引文："就职 6 个月后，卡尔普的话……"

参考资料：拉里·卡尔普在美国消费者新闻与商业频道（CNBC）*Mad Money* 节目上的讲话，CNBC 2019 年 3 月 14 日发布的文章 "GE Will Be Transparent about Challenges in Its Turnaround Plan, CEO Larry Culp says"，作者 Tyler Clifford。

引文："美国电话电报公司（AT&T）的高管们……"

参考资料：*Harvard Business Review* 2016 年 10 月发布的文章 "AT&T's Talent Overhaul"，作者 John Donovan、Cathy Benko。

引文："……持续审查的价值……"

参考资料：BetterWorks 数据引自 *Fast Company* 2015 年 10 月 20 日发布的文章 "Why the Annual Performance Review Is Going Extinct"，作者 Kris Duggan。

引文："根据一项针对 3 万人进行的领导力智商调查……"

参考资料：*Forbes* 2016 年 9 月 4 日发布的文章 "Fewer Than Half of Employees Know if They're Doing a Good Job"，作者 Mark Murphy。

引文："卢茨·齐奥布（Lutz Ziob）在担任微软教育全球总裁期间……"

参考资料：卢茨·齐奥布的故事是利兹·怀斯曼告诉我们的，并得到了齐奥布的证实。

引文："超过一半的员工表示，……他们的领导会变得更加保守……"

参考资料：*Harvard Business Review* 2018 年 12 月 17 日发布的文章 "When Managers Break Down Under Pressure, So Do Their Teams"，作者 David Maxfield、Justin Hale。

引文："'崇尚行动'是一个非常重要的概念……"

参考资料：亚马逊的"崇尚行动"原则参见 aboutamazon.com 网站 "Our Leadership Principles"。

引文："根据《福布斯》杂志的报道，90% 的领导表示……"

参考资料：数据来自 *Forbes* 2019 年 9 月 27 日发布的文章 "Today's Workers Are Hungry for Feedback; Here's How to Give It to Them"，作者 G. Riley Mills。

引文："如今约 65% 的员工……感觉受到了不公正待遇……"

参考资料：数据来自 *Forbes* 2016 年 8 月 8 日发布的文章 "65% of Employees Want More Feedback (So Why Don't They Get It?)"，作者 Victor Lipman。

引文："在向上沟通方面……詹姆斯·罗杰斯（James Rogers）颇有经验……"

参考资料：詹姆斯·罗杰斯的故事摘自 *Harvard Business Review* 2012 年 6 月发布的文章 "Leadership Is a Conversation"，作者 Boris Groysberg、Michael Slind。

第 3 章 如何变少为多 – 焦虑与工作量

引文："布兰登·韦伯（Brandon Webb）通过了挑战……"

参考资料：Observer.com 网站 2016 年 11 月 25 日发布的文章 "Bulletproof Mind: 6 Secrets of Mental Toughness from the Navy SEALs"，

作者 Charles Chu，另见 Rita McGrath 博士采访。

引文："全球人力资源公司罗致恒富……研究表明……"

参考资料：91% 的统计数据来自 Inc. 网站 2019 年 9 月 24 日发布的文章 "In a New Study, 90 Percent of Employees Admit to Feeling Burned Out. Here Are 3 Ways to Successfully Manage It"，作者 Michael Schneider。

引文："沃顿商学院的亚当·格兰……"

参考资料：*New York Times* 2020 年 3 月 19 日发布的文章 "Burnout Isn't Just in Your Head. It's in Your Circumstances"，作者 Adam Grant。

引文："名闻遐迩的克利夫兰诊所的首席体验官、医学博士艾德丽安·布瓦西……"

参考资料：Cleveland Clinic 网站 2017 年 10 月 2 日发布的文章 "Why Resilience Training Isn't the Antidote for Burnout"，作者 Adrienne Boissy。

引文："……工作倦怠的员工……"

参考资料：关于工作倦怠、病假和离职的数据来自 Gallup.com 网站 2018 年 7 月 12 日发布的文章 "Employee Burnout, Part 1: The 5 Main Causes"，作者 Ben Wigert、Sangeeta Agrawal。

引文："倦怠员工的心理和身体问题每年就导致……"

参考资料：贝恩咨询公司的 1900 亿美元数据来自 *Harvard Business Review* 2017 年 4 月 6 日发布的文章 "Employee Burnout Is a Problem with the Company, Not the Person"，作者 Eric Garton。

引文："哈佛大学心理学家哈里·莱文森……"

参考资料：*Harvard Business Review* 1996 年 7 月至 8 月发布的文章 "When Executives Burn Out"，作者 Harry Levinson。

注 释

引文:"1939 年,库尔特·勒温……进行了一项研究……"

参考资料:关于勒温在哈伍德工厂的工作有很多记载;特别感谢 *Journal of Applied Behavioral Science* 2007 年 6 月发布的文章 "Kurt Lewin and the Harwood Studies: The Foundations of OD",作者 Dr. Bernard Burnes。

引文:"西北大学领导力中心主任亚当·古德曼……"

参考资料:*Fast Company* 2018 年 10 月 5 日发布的文章 "How Managers Can Help Employees Avoid Burnout",作者 Stephanie Vozza。

引文:"要确保员工明白……"

参考资料:*Harvard Business Review* 2016 年 11 月 14 日发布的文章 "Make Sure Your Team's Workload Is Divided Fairly",作者 Rebecca Knight。

引文:"……哈佛大学的哈里·莱文森建议说……"

参考资料:*Harvard Business Review* 1996 年 7-8 月刊刊登的文章 "When Executives Burn Out",作者 Harry Levinson。

引文:"一项针对美国护士的研究……"

参考资料:美国国家医学图书馆 2009 年 1 月 12 日收录的文章 "Effects of Job Rotation and Role Stress among Nurses on Job Satisfaction and Organizational Commitment",作者 Wen-Hsien Ho,本文另发表于 2009 年 2 月的 *BMC Health Services Research*。

引文:"……马修·罗斯(Matthew Ross)就是这种轮岗做法的践行者……"

参考资料:*Forbes* 2019 年 4 月 23 日发布的文章 "6 Unconventional Yet Effective Ways to Boost Motivation and Inspire a High-

Performance Culture",作者 Heidi Lynne Kurter。

引文:"摩根大通首席执行官杰米·戴蒙……"

参考资料:*The House of Dimon*(2011),作者 Patricia Crisafulli,Wiley 出版社。

引文:"奥美公司名誉主席谢莉·拉扎勒斯……"

参考资料:*The Integrity Advantage*(2003)首次引用了对谢莉·拉扎勒斯的采访内容,作者 Adrian Gostick、Dana Telford,Gibbs Smith 出版社。

引文:"对于一位愿意倾听员工工作问题的领导……"

参考资料:盖洛普的数据(62%)来自 HRAsiaMedia.com 网站 2020 年 2 月 7 日发布的文章 "Bosses Need to Be Proactive to Prevent Employee Burnout"。

引文:"美国联邦航空管理局研究员约书亚·鲁宾斯坦……进行了一系列实验……"

参考资料:鲁宾斯坦博士的研究参见美国心理协会网站 2006 年 3 月 20 日发布的文章 "Multitasking. Switching Costs"。

引文:"伦敦大学的一项研究表明……"

参考资料:这项研究参见 *Sydney Morning Herald* 2013 年 4 月 15 日发布的文章 "The Multi-tasking Myth"。

引文:"在《林肯传》(*Abraham Lincoln*)中……"

参考资料:*Abraham Lincoln: The Prairie Years & The War Years*(1939),作者 Carl Sandburg,Harcourt Brace & World 出版社。

引文:"……领导帮助员工减少分心的典范……"

参考资料:金·科克伦的故事参见 *The Best Team Wins*(2018),

作者 Adrian Gostick、Chester Elton，Simon & Schuster 出版社。

第 4 章 扫清前进的道路 - 焦虑与个人发展

引文："……为同一个雇主工作 20 年以上的达 40%……"

参考资料：婴儿潮一代为同一雇主长期供职的数据来自 *PBS News Hour* 2016 年 5 月 11 日发布的文章"Poll Reveals Age, Income Influence People's Loyalty to an Employer."

引文："78% 的 Z 世代和 43% 的千禧一代……"

参考资料：关于 Z 世代和千禧一代计划在两年内离职的统计数据来自 The Society for Human Resources Management 网站 2019 年 9 月 12 日发布的文章"Generation Z and Millennials Seek Recognition at Work"，作者 Stephen Miller。

引文："根据布鲁金斯学会的数据……"

参考资料：Brookings.edu 网站 2019 年 11 月 21 日发布的文章"Low-Wage Work Is More Pervasive Than You Think, and There Aren't Enough 'Good Jobs' to Go Around"，作者 Martha Ross、Nicole Bateman。

引文："万宝盛华集团 2018 年的一项研究显示……"

参考资料：*Inc.* 2018 年 9 月 7 日发布的文章"Here's the Number 1 Criteria the Largest Generation in the Workforce Looks for in Employers"，作者 Adam Robinson。

引文："盖洛普公司对千禧一代进行的一项民意调查发现……"

参考资料：Gallup.com 网站 2016 年 6 月 30 日发布的文章"Millennials Want Jobs to Be Development Opportunities"，作者 Amy Adkins、Brandon Rigoni。

引文:"德勤公司的研究发现……"

参考资料:*Harvard Business Review* 2018 年 7 月 12 日发布的文章 "4 Ways to Create a Learning Culture on Your Team",作者 Thomas Chamorro-Premuzic、Josh Bersin。

引文:"我们同意《福布斯》杂志的 J. 莫林·亨德森(J. Maureen Henderson)……"

参考资料:*Forbes* 2012 年 12 月 22 日发布的文章 "Job Stability vs. Job Satisfaction? Millennials May Have to Settle for Neither",作者 J. Maureen Henderson。

引文:"根据企业执行委员会的研究……"

参考资料:关于学习文化的数据来自 *Harvard Business Review* 2018 年 7 月 12 日发布的文章 "4 Ways to Create a Learning Culture on Your Team",作者 Thomas Chamorro-Pemuzic、Josh Bersin。

引文:"超过 75% 的 Z 世代员工表示……"

参考资料:这一数据来自 Business Insider 网站 2019 年 4 月 9 日发布的文章 "Gen Z Workers Expect a Promotion after One Year on the Job, and Their Bosses Are Creating New Titles and Throwing 'Workversary' Parties to Keep Them Happy",作者 Allana Akhtar。

引文:"其创始人兼首席执行官……"

参考资料:TheLadders.com 网站 2017 年 7 月 21 日发布的文章 "This Is How I Got Millennials to Stop Asking about Promotions",作者 Marc Cenedella。

引文:"……与日常需求不太相符的培训课程……"

参考资料:*Harvard Business Review* 2019 年 10 月 2 日发布的文

章"Where Companies Go Wrong with Learning and Development",作者 Steve Glaveski。

引文:"……德勤咨询公司首席执行官兼董事长丹·赫尔弗里奇……"

参考资料:*The Best Team Wins*(2018),作者 Simon & Schuster。

引文:"我们建议采用……"

参考资料:*Harvard Business Review* 2019 年 3 月 5 日发布的文章"Why a One-Size-Fits-All Approach to Employee Development Doesn't Work",作者 Sydney Finkelstein 博士。

引文:"科技咨询公司 Pariveda Solutions 的副总裁玛格丽特·罗杰斯……"

参考资料:*Harvard Business Review* 2020 年 1 月 20 日发布的文章"A Better Way to Develop and Retain Top Talent",作者 Margaret Rogers。

引文:"美国国家情报大学的拉米沙·克拉夫特博士……"

参考资料:govloop.com 网站 2018 年 3 月 12 日发布的文章"Peer-to-Peer Learning, the Most Powerful Tool in the Workplace",作者 LaMesha Craft。

引文:"《专业经济》的作者……"

参考资料:*The Expertise Economy*(2018),作者 Kelly Palmer、David Blake,Nicholas Brealey 出版社。

第 5 章 完美与完工 – 焦虑与"完美主义"

引文:"……文化讽刺剧《辛普森一家》嘲讽了这种现象……"

参考资料:*The Simpsons* 第三季第十二集 *I Married Marge*(1991)。

引文:"在 20 世纪 40 年代和 50 年代,卡拉斯……"

参考资料:*Washington Post* 1995 年 9 月 24 日发布的文章 "Callas: Opera's Human Voice",作者 Tim Page;Amii Barnard-Bahn 的作品及其于 2020 年 4 月 17 日在 YouTube 上发布的帖子 "How Perfection Can Hinder Your Leadership: What Can You Learn from an Opera Diva";SlippedDisk.com 网站 2016 年 5 月 31 日发布的文章 "Exclusive: My Life with Maria Callas",作者 Norman Lebrecht。

引文:"在回顾自己的职业生涯时……"

参考资料:卡拉斯曾与 Peter Dragadze 谈及勇气,详细内容参见 *The Unknown Callas: The Greek Years*(2001),作者 Nicholas Petsalēs-Diomēdēs,Amadeus 唱片公司出版。

引文:"完美主义者不纯粹是雄心勃勃、勤劳肯干的奋斗者……"

参考资料:布莱恩·斯韦德博士的话源自 *Harvard Business Review* 2018 年 12 月 27 日发布的文章 "The Pros and Cons of Perfectionism, According to Research",作者 Brian Swider、Dana Harari、Amy P. Breidenthal、Laurens Bujold Steed。

引文:"美国西北大学家庭研究所完美主义研究员兼治疗师本杰明·切尔卡斯基……"

参考资料:*Chicago Tribune* 2018 年 10 月 31 日发布的文章 "The Overachieving Generation: As Millennials Strive for Perfection, Anxiety and Depression Increase",作者 Alison Bowen。

引文:"2017 年,英国巴斯大学的托马斯·柯伦主持了一项研究……"

参考资料:*Harvard Business Review* 2018 年 1 月 26 日发布的文章

"Perfectionism Is Increasing, and That's Not Good News",作者 Thomas Curran、Andrew P. Hill。

引文:"英属哥伦比亚大学的保罗·休伊特……"

参考资料:Vox 2019 年 12 月 5 日发布的文章 "Perfectionism Is Killing Us",作者 Christie Aschwanden。

引文:"说到如何发现完美主义……"

参考资料:*The Anxiety Toolkit*(2015),作者 Alice Boyes,Tarcher Perigee 出版社。

引文:"哈佛大学的一项研究补充道……"

参考资料:哈佛大学学术与个人发展中心 2013 年发布的论文 "Perfectionism: Strategies for Change"(2014 修订),作者 Jennifer Page Hughes 博士。

引文:"根据弗雷斯特咨询公司的一项新研究……"

参考资料:*Harvard Business Review* 2014 年 9 月 29 日发布的文章 "How Companies Can Learn to Make Faster Decisions",作者 Eric Winquist。

引文:"斯坦福大学心理学家卡罗尔·德韦克……"

参考资料:*Mindset*(2007),作者 Carol Dweck,Ballantine Books 出版社。

引文:"在创建进度查核系统方面……"

参考资料:Space X 的案例来自 *Harvard Business Review* 2014 年 9 月 29 日发布的文章 "How Companies Can Learn to Make Faster Decisions",作者 Eric Winquist。

第 6 章 从避免冲突到健康辩论 – 焦虑与冲突

引文:"耶鲁大学艾玛·塞佩莱……"

参考资料:*Harvard Business Review* 2015 年 12 月 1 日发布的文章 "Proof That Positive Work Cultures Are More Productive",作者 Emma Seppälä、Kim Cameron。

引文:"辛辛那提心理学家琳达·格拉维特……"

参考资料:*Chicago Tribune* 2012 年 11 月 19 日发布的文章 "Millennials Struggle with Confrontation at Work",作者 Rex Huppke。

引文:"HR Acuity 的首席执行官黛布·穆勒……"

参考资料:HRAcuity.com 网站 2017 年 9 月 25 日发布的文章 "Are Millennials More Conflict-Averse Than Other Generations?" 作者 Deb Muller。

引文:"尽管推迟一场艰难的对话可能会暂时缓解焦虑情绪……"

参考资料:*Harvard Business Review* 2015 年 8 月 13 日发布的文章 "Giving Feedback When You're Conflict Averse",作者 Amy Jen Su。

引文:"通过指出姓名……"

参考资料:*Quantum Leadership*(2019),作者 Tim Porter-O'Grady、Kathy Malloch,Stanford Business Books 出版社。

引文:"针对这种观点,我们以民主党人乔·拜登……"

参考资料:*Springfield News-Sun* 2018 年 8 月 30 日发布的文章 "Read Joe Biden's Eulogy of John McCain",作者 Debbie Lord。

第 7 章 结盟 – 焦虑与偏见

引文:"例如,根据哥伦比亚大学欧文医学中心托马斯·万斯……"

参考资料：哥伦比亚大学精神病学系网站 2019 年 2 月 8 日发布的文章"Addressing Mental Health in the Black Community"，作者 Thomas Vance。

引文："美国最高法院直到 2020 年……"

参考资料：LGBTQ+ 最高法院裁决参见 *New York Times* 2020 年 6 月 15 日发布的文章"Civil Rights Law Protects Gay and Transgender Workers, Supreme Court Rules"，作者 Adam Liptak。

引文："LGBTQ+人群经历的偏见和歧视……"

参考资料：*Counselling Psychology Quarterly* 2009 年 12 月 14 日发布的论文"Minority Stress and Health: Implications for Lesbian, Gay, Bisexual, Transgender, and Questioning (LGBTQ) Young People"，作者 Cathy Kelleher。

引文："咨询心理学家布拉德·布伦纳博士说……"

参考资料：美国焦虑和抑郁协会发表的论文"Understanding Anxiety and Depression for LGBTQ People"，作者 Brad Brenner。

引文："德勤大学领导力中心指出……"

参考资料：*Harvard Business Review* 2014 年 11 月 3 日发布的文章"Help Your Employees Be Themselves at Work"，作者 Dorie Clark、Christie Smith。

引文："星巴克前 CEO 霍华德·舒尔茨……"

参考资料：美国有线电视新闻网 2019 年 2 月 13 日发布的文章"Former Starbucks CEO Howard Schultz: 'I Honestly Don't See Color'"，作者 Kate Sullivan。

引文："活动家弗朗切斯卡·拉姆齐……"

参考资料：*Glamour* 2018 年 5 月 21 日发布的文章 "How to Respond When Someone Says, 'I Don't See Color' — and Six Other Cringe-Worthy Remarks"，作者 Franchesca Ramsey。

引文："……贾尼斯·加萨姆博士说，否认存在……"

参考资料：*Forbes* 2019 年 2 月 15 日发布的文章 "Why the 'I Don't See Color' Mantra Is Hurting Your Diversity and Inclusion Efforts"，作者 Janice Gassam。

引文："研究内隐偏见的两位主要学者……"

参考资料：*Blindspot*（2013），作者 Mahzarin R. Banaji、Anthony G. Greenwald，Delacorte Press 出版社。此处还提到了 Vox 网站 2016 年 8 月 15 日发布的文章 "Implicit Bias Means We're All Probably at Least a Little Bit Racist"，作者 Jenée Desmond-Harris。

引文："今天美国有 20% 的大型公司……"

参考资料：内隐偏见培训的统计数据来自 *College and Research Libraries News* 2018 年 10 月发布的文章 "Minimizing and Addressing Implicit Bias in the Workplace"，作者 Shamika Dalton、Michele Villagran，其中引用了 2016 年北卡罗来纳大学教堂山分校的高管培训课程论文 "The Real Effects of Unconscious Bias in the Workplace"，作者 Horace Mc-Cormick。

引文："HubSpot 公司首席人力资源官凯蒂·伯克表示……"

参考资料：*Inc.* 2018 年 10 月 29 日发布的文章 "3 Things You Can Do Now to Take Action as an Ally in the Workplace"，作者 Katie Burke。

引文："哈佛商学院教授罗莎贝丝·莫斯·坎特……"

参考资料：坎特博士的名言无处不在，此处引自 QuoteFancy.com。

引文："马凯特大学的一项研究……"

参考资料：USC Center for Health Journalism 网站 2017 年 11 月 10 日发布的文章"How Racism and Microaggressions Lead to Worse Health"，作者 Gina Torino。

引文："《更好的盟友》（*Better Allies*）一书的作者……"

参考资料：Medium.com 专栏 2020 年 5 月 22 日发布的文章"5 Things Allies Can Do to Sponsor Coworkers from Underrepresented Groups"，作者 Karen Catlin。

引文："……好的盟友不会躲在暗处……"

参考资料：Isaac Sabat 博士的话引自美国有线电视新闻网 2018 年 10 月 30 日发布的文章"Sharing the Weight: How to Know When—and How—to Support Marginalized People at Work"，作者 Julia Carpenter。

引文："YouTube 首席执行官苏珊·沃西基……"

参考资料：*Vanity Fair* 2017 年 3 月 16 日发布的文章"Exclusive: How to Break Up the Silicon Valley Boys Club"，作者 Susan Wojcicki。

第 8 章　变排斥为接纳 – 焦虑与人际关系

引文："康奈尔大学进行了一些有趣的研究……"

参考资料：消防队数据参见 *Cornell Chronicle* 2015 年 11 月 19 日发布的文章"Groups That Eat Together Perform Better Together"，作者 Susan Kelley。

引文："社交控和职场排斥……"

参考资料：Sandra Robinson 博士的研究成果参见英属哥伦比亚大学网站 2014 年 5 月 29 日发布的文章 Ostracism More Damaging Than

Bullying in the Workplace",作者 Andrew Riley。

引文:"在米特·罗姆尼……我们有幸采访了他……"

参考资料:罗姆尼的故事参见 *The Integrity Advantage*(2003)序言部分,作者 Adrian Gostick、Dana Telford,Gibbs Smith 出版社。

引文:"耶鲁大学的艾玛·塞佩莱和玛丽莎·金……"

参考资料:*Inc.* 2020 年 4 月 26 日发布的文章 "Tom Brady Just Answered 'Yes' to a Very Controversial Question",作者 Bill Murphy Jr.;*Harvard Business Review* 2017 年 8 月 8 日发布的文章 "Having Friends at Work Can Be Tricky, but It's Worth It",作者 Emma Seppälä、Marissa King。

引文:"美剧《办公室》中的迈克尔·斯科特……聪明而任性……"

参考资料:这句话出自 *The Office* 第二季第六集 *The Fight*(2005)。

引文:"高管教练彼得·布雷格曼……"

参考资料:我们采访了彼得·布雷格曼,并参考 *Harvard Business Review* 2014 年 3 月 19 日发布的文章 "How to Have Friends at Work When You're the Boss",作者 Peter Bregman。

引文:"……的阿特·马克曼教授说……"

参考资料:*Harvard Business Review* 2018 年 6 月 8 日发布的文章 "Why Work Friendships Go Awry, and How to Prevent It",作者 Art Markman。

引文:"让我们听听奥普拉·温弗瑞……"

参考资料:奥普拉·温弗瑞 2013 年 5 月 30 日的毕业典礼演讲,全文参见 *Harvard Gazette* 2013 年 5 月 31 日发布的文章 "Winfrey's Commencement Address"。

引文:"波士顿学院的贝丝·施诺夫……"

参考资料：*Harvard Business Review* 2019 年 11 月 22 日发布的文章"How Remote Workers Make Work Friends"，作者 Beth Schinoff、Blake E. Ashforth、Kevin Corley。

第 9 章　变怀疑为信心 – 焦虑与感激

引文："韦莱韬悦咨询公司……进行的一项调查发现……"

参考资料：*The Carrot Principle*（2009），作者 Adrian Gostick、Chester Elton，Simon & Schuster 出版社。

引文："这样的领导都能更具韧性，能更好地从逆境中恢复过来……"

参考资料：*Social and Personality Psychology Compass* 2012 年 5 月 31 日发布的论文"Find, Remind, and Bind: The Functions of Gratitude in Everyday Relationships"，作者 Sara Algoe。

引文："……罗林·麦克雷蒂领导的一个科学家团队进行的研究表明……"

参考资料：positive psychology.com 网站 2020 年 5 月 5 日发布的文章"The Neuroscience of Gratitude and How It Affects Anxiety and Grief"，作者 Madhuleena Roy Chowdhury。

引文："摇滚明星布鲁斯·斯普林斯汀在他的自传……"

参考资料：*Born to Run*（2016），Simon & Schuster 出版社；*Born Standing Up*（2007），Scribner 出版社；Lady Gaga 的话参见 2011 年 HBO 音乐纪录片 *Lady Gaga Presents the Monster Ball Tour: At Madison Square Garden*，同时记录于 *InStyle* 杂志 2017 年 12 月 8 日发布的文章"25 Stars Who Suffer from Imposter Syndrome"，作者 Samantha Simon。

引文："美国加利福尼亚大学洛杉矶分校神经科学家亚历克

斯·科布……"

参考资料：*The Upward Spiral*（2015），作者 Alex Korb，New Harbinger Publications 出版社。

结　论

引文："以马达琳·帕克为例……"

参考资料：美国有线电视新闻网 2017 年 7 月 13 日发布的文章 "When a Woman Took Sick Days for Mental Health, Her Email Sparked a Larger Discussion"，作者 Rose Schmidt。

引文："希瑟·帕里是美国密苏里州的一名会计师……"

参考资料：帕里的自述参见 *HuffPost* 2015 年 7 月 14 日发布的文章 "My Semicolon Tattoo Is More Than Art. It's a Reminder to Keep Going"。

致　谢

感谢我们的经纪人吉姆·莱文（Jim Levine），他理解这个话题的重要性，从第一天起就支持我们。同样还有我们的编辑——哈珀商业（Harper Business）的霍利斯·海姆布赫（Hollis Heimbouch）和丽贝卡·拉斯金（Rebecca Raskin），他们对工作的热情也让我们深受感动。

感谢提供建议的埃米莉·卢斯（Emily Loose），感谢克里斯蒂·劳伦斯（Christy Lawrence），她安排了许多采访，花了无数时间进行记录。感谢我们的FindMojo.com团队：保罗·尤查（Paul Yoachum）、兰斯·加文（Lance Garvin）、布丽安娜·贝特曼（Brianna Bateman）、布赖斯·摩根（Bryce Morgan）、坦纳·史密斯（Tanner Smith）、亚瑟·甘赛（Asher Gunsay）、加勒特·埃尔顿（Garrett Elton）、马克·达勒姆（Mark Durham）和贾伦·达勒姆（Jaren Durham）。

感谢我们的公关人员马克·弗堤耶（Mark Fortier）和诺伯特·贝蒂（Norbert Beatty），以及哈珀商业营销部门的布莱恩·佩兰（Brian Perrin）和他的团队。感谢为本书提供引文的所有人，是你们的智慧丰富了我们的写作。

最后，感谢家人对我们的支持：感谢詹尼弗（Jennifer），她的热情和深刻见解推动了本书的写作。感谢海蒂（Heidi）、卡西（Cassi）和布雷登（Braeden），感谢卡特（Carter）、路易莎（Luisa）、卢卡斯·切斯特（Lucas Chester）和克拉拉·艾瑞斯（Clara Iris），感谢布林登（Brinden），感谢加勒特（Garrett）和梅尔（Maile）。

ANXIETY AT WORK: 8 Strategies to Help Teams Build Resilience, Handle Uncertainty, and Get Stuff Done,
Copyright © 2021 by Adrian Gostickand, Chester Elton, and Anthony Gostick.
Published by arrangement with HarperCollins Publishers.
Simplified Chinese translation copyright © 2023
by China Translation & Publishing House
ALL RIGHTS RESERVED

著作权合同登记图字：01-2021-6297

图书在版编目（CIP）数据

斯坦福的鸭子：告别工作焦虑，建立团队韧性 /（美）阿德里安·高斯蒂克，
（美）切斯特·埃尔顿，（美）安东尼·高斯蒂克著；李芳译.
—— 北京：中译出版社，2023.1
书名原文：ANXIETY AT WORK: 8 Strategies to Help Teams Build Resilience, Handle Uncertainty, and Get Stuff Done
ISBN 978-7-5001-7064-8

Ⅰ.①斯… Ⅱ.①阿…②切…③安…④李… Ⅲ.①工作负荷（心理学）–研究 Ⅳ.① B849

中国版本图书馆 CIP 数据核字（2022）第 076872 号

斯坦福的鸭子：告别工作焦虑，建立团队韧性
SITANFU DE YAZI: GAOBIE GONGZUO JIAOLV, JIANLI TUANDUI RENXING

作　　者	［美］阿德里安·高斯蒂克　［美］切斯特·埃尔顿　［美］安东尼·高斯蒂克
译　　者	李　芳
策划编辑	温晓芳
责任编辑	温晓芳
营销编辑	梁　燕
封面设计	远·顾
内文排版	北京杰瑞腾达科技发展有限公司

地　　址	北京市西城区新街口外大街 28 号普天德胜主楼四层
电　　话	（010）68002926
邮　　编	100044
电子邮箱	book@ctph.com.cn
网　　址	http://www.ctph.com.cn
印　　刷	北京盛通印刷股份有限公司
经　　销	新华书店
规　　格	880 毫米 ×1230 毫米　1/32
印　　张	8.125
字　　数	147 千字
版　　次	2023 年 1 月第 1 版
印　　次	2023 年 1 月第 1 次

ISBN 978-7-5001-7064-8
定　　价　58.00 元

版权所有　侵权必究
中 译 出 版 社